PRÉCIS

DE

PHILOSOPHIE

Pouvant servir de résumé au cours le plus complet, contenant en outre les plans de la plupart des dissertations données dans les facultés de 1860 à 1884.

Conforme aux programmes de 1880.

PAR

Victor VATTIER

PARIS

LIBRAIRIE CROVILLE-MORANT.

20, Rue de la Sorbonne, 20

EN VENTE

A la Librairie CROVILLE-MORANT

20, rue de la Sorbonne, 20

(Ne pas confondre avec la place ou le passage)

—›‹—

OUVRAGE DU MÊME AUTEUR

Memento d'histoire de la philosophie : 1 fr. 50

PUBLICATIONS PÉRIODIQUES

JOURNAL DES BACCALAURÉATS ÈS-LETTRES

Et ès-sciences

PRIX D'ABONNEMENT :

Baccalauréat ès-lettres, 2 sessions, chaque partie : 6 fr.

Les deux réunies.................. 10 fr.

—

Baccalauréat ès-sciences, un an .... 5 fr.

—

Diplôme d'études, un an....... 1 fr. 50

—o—

Examens d'admission à : Polytechnique (16 fr.) — Saint-Cyr (11 fr.) — Navale (11 fr.) — Centrale (15 fr.)

À Monsieur Léopold Delisle
officier de la Légion d'Honneur,
administrateur de la Bibliothèque
nationale.

Hommage respectueux
de l'auteur

V. Vattier

PRÉCIS DE PHILOSOPHIE

Pouvant servir de résumé au cours le plus complet, contenant en outre le plan de la plupart des dissertations données dans les facultés de 1860 à 1884.

Conforme aux programmes de 1880.

PAR

Victor VATTIER

PARIS

LIBRAIRIE CROVILLE-MORANT.

20, Rue de la Sorbonne, 20

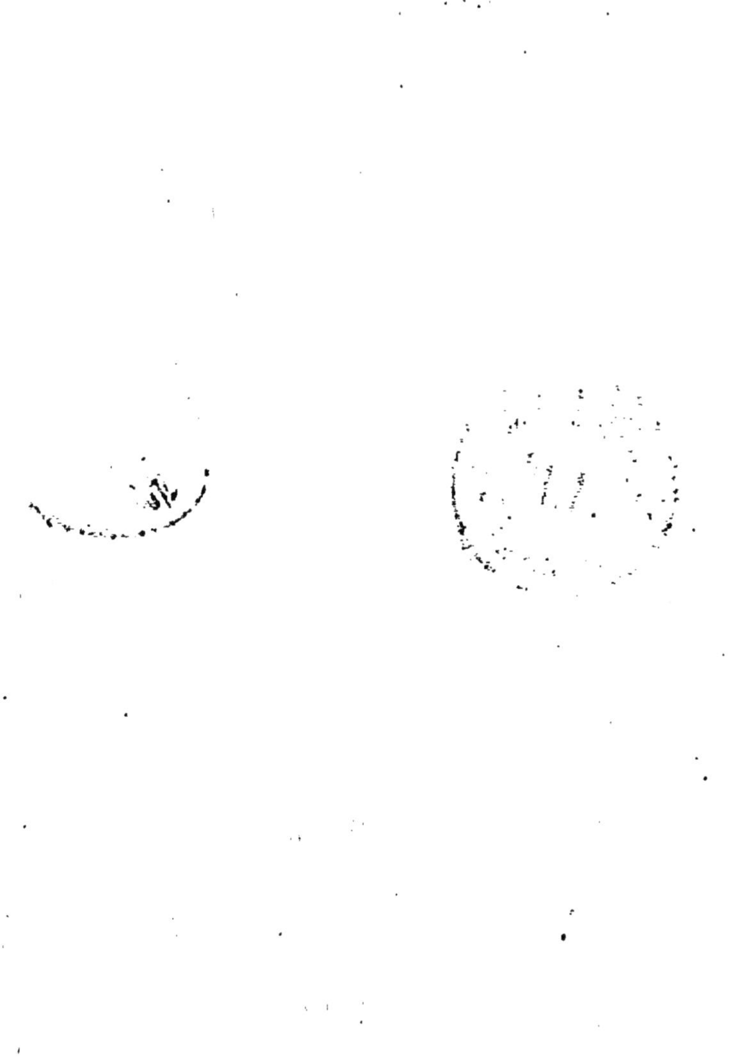

PRÉFACE

Il est absolument nécessaire, dans la classe de philosophie, et il est d'ailleurs prescrit formellement par les circulaires de M. le Ministre et de MM. les Recteurs, que le professeur, avant de faire son cours, dicte un résumé sommaire à ses élèves. Qu'arrive-t-il ? De deux choses l'une : ou le résumé dicté est substantiel, suffisamment long pour être vraiment utile et alors la dictée exige une demi-heure, au détriment des explications et des interrogations ; ou bien le sommaire est donné pour la « forme », et alors il n'est d'aucune utilité à l'élève, soit pour résumer le cours du jour, soit pour le repasser à la fin de l'année. Ajoutez à cela dans tous les cas, que l'élève recopie avec soin pendant le premier trimestre, le sommaire dicté, mais que peu à peu, surchargé de travail, il ne le recopie plus *clairement*, et ne le consulte plus.

Le remède à un tel état de choses est de présenter à l'élève un résumé assez complet pour répondre à tous les cours. Sans doute l'auteur d'un tel travail devra garder certaines questions, certains arguments quelque peu *surannés*, mais à côté de ces questions vieillies, se trouvent les arguments nouveaux basés sur la science ; le danger n'est donc pas sérieux.

Sera-t-il permis encore à l'auteur de reproduire ici ce qu'il disait dans la préface de son Précis de l'histoire de la philosophie : « Etre court, précis, mais fidèle et complet, tel est son but ; être utile aux élèves, telle est sa devise. Puisse-t-il y avoir réussi ! »

Mars 1884.   V. V.

INTRODUCTION

I

La science en général. La science (scientia,
scire, savoir) se définit : la connaissance des
lois et des causes, du pourquoi et du comment des
choses ; ou encore la science du général par opposition au particulier (Il n'y a pas de science du particulier: Aristote — Nulla est fluxorum scientia :
Scolastiques).

II

Sciences particulières. — Systèmes de propositions qui liées entre elles dépendent d'un seul et
même principe.

III

Historique de la science. — 1° Chez les Orien-
taux (règne de l'imagination) 2° chez les Grecs
(voir l'Histoire de la Philosophie et infrà.)

IV

Classification des sciences. — I° Classification
de Platon : (A) Science de Dieu et des idées
(dialectique) ; (B) Sciences mathématiques ou di-
rectrices (arithmétique, géométrie) ; (C) Sciences
physiologiques ou empiriques (médecine, agriculture, navigation).

II° Classification d'Aristote : (A) Sciences
poëtiques ; (poëtique, rhétorique, dialectique) ;
(B) Sciences spéculatives (mathématiques, physique, métaphysique) ; (C) Sciences pratiques.
(morale, économie politique).

III° Division des scolastiques : trivium, quatrivium.

IV° Classification de Bacon : trois ordres de connaissances se rapportant aux trois principales facultés de l'esprit : mémoire, imagination, raison.

V° Classification d'Ampère : 2 règnes : sciences cosmologiques et sciences noologiques.

VI° Classification d'Auguste Comte : 6 sciences fondamentales : mathématiques, astronomie, physique, chimie, biologie, sociologie.

V

Conditions d'une classification rationnelle. — Il faut tenir compte : de la nature, de l'objet de chaque science et des méthodes employées.

VI

Tableau résumé de la classification des sciences.— I *Sciences de l'esprit ou noologiques* : 1° sciences concrètes et d'observation, 2° sciences abstraites ou rationnelles.

II° *Sciences de la matière ou cosmologiques* : 1° sciences abstraites exactes, 2° sciences concrètes physiques, 3° sciences concrètes naturelles.

VII

Diverses autres classifications : 1° (A) sciences spéculatives ; (B) sciences pratiques.

II° (A) sciences de raisonnement ; (B) sciences d'observation.

VIII

1re LEÇON

Philosophie en général.

Sens du mot philosophie. — 1° certaine manière de penser, 2° certaine manière de traiter l'objet d'une étude, 3° fermeté d'âme, 4° le nom de la philosophie proprement dite.

IX

Philosophie des beaux arts, de l'histoire, des sciences, du droit, etc. — 1° de l'histoire : ensemble des principes selon lesquels un historien conçoit, dispose, exécute son œuvre ; 2° philosophie des sciences : exposition des principes généraux qui en coordonnent les diverses parties ou qui les coordonnent elles-mêmes les unes aux autres.

X

Objet de la philosophie : 1° dans les temps anciens : elle embrassait toutes les connaissances 2° révolution opérée par Socrate, 3° union de la de la théologie et de la philosophie au moyen-âge, 4° séparation des différentes sciences, 5° son objet propre : l'homme moral, Dieu et les vérités éternelles.

XI

Diverses définitions de la philosophie. — 1° selon Pythagore et les anciens Grecs : la science universelle ; 2° Socrate : la science de Dieu et de l'homme ; 3° Aristote : la science des premiers principes et des premières causes ; 4° Stoïciens, Cicéron : la science des choses divines et humaines; 5° Bossuet : la connaissance de Dieu et de soi-même ; 6° philosophes allemands : la science de l'individuel dans ses rapports avec l'universel ; 7° la connaissance raisonnée de l'âme de Dieu et des vérités nécessaires.

XII

Objection. — La philosophie n'a pas d'objet bien déterminé, vu ces différentes définitions (Jouffroy).

Réponse : les définitions ont un fond commun.

XIII

Naissance de la philosophie. — Elle est aussi vieille que le monde.

XIV

Utilité de la philosophie. — 1° Avantages généraux : (A) plaisir de connaître, (B) direction intellectuelle et morale, (C) connaissance des principes, (D) habitude de réflexion personnelle.

II° Avantages particuliers : pour l'artiste, le poëte, l'orateur, le jurisconsulte, l'historien, le théologien.

III° Rapports avec les autres sciences.

XV

Importance de la philosophie. — Elle résulte des questions traitées qui : 1° sont du plus grand intérêt, 2° dont la dignité est incontestable, 3° dont la portée est essentiellement pratique.

XVI

Légitimité de la philosophie. — Une science est légitime quand elle est : 1° nécessaire, 2° possible, or la philosophie réunit ces deux conditions.

XVII

Rapports avec les autres sciences. — I° rapports généraux : 1° la philosophie établit leur existence contre le scepticisme, 2° elle leur donne leurs principes (axiomes, causalité, finalité) 3° leurs méthodes (voir logique).

II° Rapports particuliers avec chacune des sciences morales.

XVIII

La philosophie est-elle une science ou un art ? — Elle est l'un et l'autre, étant théorique et pratique (logique, morale).

XIX

Division de la philosophie. — Cinq parties essentielles : psychologie — logique — morale métaphysique — théodicée.

On peut y ajouter : esthétique — grammaire générale — économie politique — histoire de la philosophie.

XX

Ordre à suivre. — Cet ordre a varié : le nôtre sera : 1° psychologie — 2° logique — 3° morale — 4° métaphysique — 5° théodicée.

XXI

Méthodes philosophiques. — 1º Méthode hypothétique, 2ª thélogique, 3ª sceptique, 4ª mystique, 5ª méthode vraie : à la fois expérimentale et rationnelle.

XXII

De l'esprit phylosophique. — habitude de la réflexion personnelle — justesse d'esprit — impartialité, etc.

XXIII

2ᵐᵉ LEÇON

Psychologie

Psychologie et physiologie. — 1ª psychologie : étude de l'homme moral, 2ª physiologie : étude de l'homme physique.

XXIV

Distinction des phénomènes physiologiques et... psychologiques. — Ils diffèrent : 1º par leur mode de connaissance (sens, conscience) ; 2ª par leur nature (organiques, intellectuels) ; 3º par leur principe (corps, âme) ; 4ª par leur fin (conservation, progrès moral).

XXV

Légitimité de la psychologie. — Pour qu'une science soit légitime il faut : 1ª qu'elle ait un objet ; 2º une méthode ; 3º que les faits étudiés soient réels, 4ª qu'ils puissent être observés avec exactitude ; 5º qu'ils soient soumis à des lois.

La psychologie réunit ces conditions.

XXVI

Méthodes de la psychologie. — 1ª Rationnelle 2ª physiologique, 3º d'observation d'autrui, 4ª vraie méthode : directe, interne et personnelle mettant à profit les résultats des autres méthodes.

XXVII

Objections contre l'observation interne. — 1° répugnance de l'homme à s'étudier; 2° difficulté d'observer et d'agir tout à la fois, 3° les résultats sont personnels, 4° les faits étudiés sont fugitifs, 5° l'enfance est impossible à connaître.

XXVIII

Substitution de certains procédés à l'observation personnelle. — 1° histoire, 2° philologie, 3° psychologie comparée.

Procédé fondamental de l'observation. — C'est la réflexion faisant appel à la conscience et à la mémoire.

XXIX

Insuffisance de l'observation personnelle. — 1° a besoin d'être contrôlée par l'observation d'autrui, 2° elle ne doit pas négliger la physiologie, l'histoire, la psychologie comparée.

XXX

Utilité de la physiologie pour la psychologie et réciproquement. — A cause des rapports du physique et du moral.

XXXI

Utilité de la psychologie comparée. — Elle ressort de ce que la physiologie étudie la nature dans toutes les sociétés humaines, dans toutes les races; enfin de ce qu'elle remonte de l'animal à l'homme.

XXXII

Avantages de l'observation interne. — 1° elle est à notre portée, 2° elle est plus exacte, 3° plus profonde.

XXXIII

Avantages de l'observation externe. — 1° l'objet sensible peut être immobilisé pour être mieux étudié, 2° l'observation externe peut être contrôlée par celle d'autrui, 3° elle peut avoir recours à des instruments perfectionnés.

XXXIV

Utilité de la psychologie. — 1° à cause des questions traitées, 2° la connaissance de nos facultés peut servir à leur développement, 3° elle peut corriger des défauts, 4o elle est nécessaire aux sciences morales.

XXXV

Comparaison de la méthode psychologique avec celle des autres sciences. — (voir logique).

XXXVII

3ᵐᵉ LEÇON

Théorie des Facultés

Différents sens des mots : faculté — propriété — fonctions. — 1° Faculté : pouvoir primitif, simple, irréductible que possède notre âme d'exercer son activité ; 2° fonctions (organes) 3° propriété (des corps).

XXXVIII

Détermination d'une faculté. — 1° méthode par l'observation et la comparaison
II° Méthode dite des *causes finales* (pour atteindre sa fin l'homme a besoin de 3 facultés : sensibilité, intelligence, volonté).

XXXIX

Application de la méthode d'observation à la détermination des facultés. — 1° Groupe des faits sensibles, 2° groupe des faits intellectuels, 3° groupe des faits volontaires

XL

Principaux caractères des faits de chaque groupe — 1° Groupe des faits passifs, fatals ; 2° groupe des faits actifs, fatals ; 3° groupe des faits, actifs et libres.

XLI

Autres méthodes proposées pour la détermination des facultés. — 1° Par l'analyse d'un fait de conscience (Cousin), 2° par la réduction successive des fais intérieurs (Ecossais)

XLII

Génération des facultés. Divers systèmes. — Systèmes : 1° de Condillac : le principe générateur des facultés est la *sensation* ; 2° de Laromiguière : l'*attention* est la faculté génératrice primordiale.

XLIII

Division des facultés. — 1° Scolastiques : intelligence et volonté; 2° Descartes : système indécis; 3° Bossuet : il admet les 3 facultés, mais il réunit la volonté et l'entendement sous le nom commun d'opérations intellectuelles ; 4° Reid : admet les 3 facultés, puis la faculté motrice. la faculté d'expression et les penchants primitifs sous le nom de principes intellectuels et principes actifs ; 5° Jouffroy : 6 facultés : 1, 2, 3 : sensibilité, intelligence, volonté ; 4° faculté motrice° 5° langage.

XLIV

4° LEÇON

Harmonie des Facultés

Unité de l'âme. — Malgré la triplicité des facultés, l'âme est une.

XLV

Ordre de développement des facultés. — 1° opinion de Damiron : la 1" c'est intelligence ; 2° opinion de Maine de Biran : c'est la volonté ; 3° opinion la plus générale : c'est la sensibilité.

XLVI

Différents sens du mot âme. — 1° Caractère, volonté ; 2° sensibilité, 3° par analogie, s'applique aux choses.

XLVII

Ordre à suivre dans l'étude des facultés. — Il dépend de l'opinion admise pour le développement des facultés.

XLVIII

But et raison des facultés. — Les trois sont nécessaires pour l'accomplissement de notre destinée.

XLIX

Etude d'une faculté. — Pour étudier une faculté, il faut : 1· la distinguer des autres facultés, 2· déterminer sa nature, 3· décrire ses formes, 4· assigner sa fonction, 5· étudier ses rapports avec les autres facultés, 6· autant que possible, saisir le lien qui l'unit aux organes.

L

Retour sur la classification des faits psychologiques. — 1· Sensibilité (sensations, sentiments, émotions), 2· intelligence (idées, pensées, jugements, raisonnements), 3· volonté (résolution, volition, détermination).

LI

5ᵐᵉ LEÇON

De la Sensibilité en général

Classification des faits sensibles. — 1· Sensations, 2· sentiments, 3· émotions, 4· passions.

LII

Définition de la sensibilité. — Pouvoir qu'a notre âme d'éprouver des plaisirs ou des peines.

LIII

Caractères de la sensibilité. — 1· passive, 2· subjective, 3· personnelle, 4· variable, 5· fatale, 6· aveugle, 7· s'émousse par l'habitude, 8· expressive.

LIV

Principe de la sensibilité. — La sensibilité a son principe dans l'activité essentielle de l'âme.

LV

Sensation et impression. — 1° impression : modification des *organes*, provoquée par des objets extérieurs, 2° sensation : peine ou plaisir de l'*âme* provoqués par un objet matériel.

LVI

Sensations et sentiments. — 1° sensation, (voir supra), 2° sentiment : peine ou plaisir produits par un objet immatériel. La sensation a pour antécédent une impression organique. Le sentiment succède à une modification de l'âme.

LVII

Formes de la sensibilité. — 1° sensibilité physique, 2° sensibilité morale et intellectuelle.

LVIII

Rôle de la sensibilité physique. — Elle comprend : 1° les sens, 2° le plaisir et la douleur, 3° les besoins et les appétits.

LIX

Influence de la sensibilité morale. — 1° sur l'intelligence, 2° sur la volonté.

LX

6ᵉ LEÇON

Sensibilité physique

A proprement parler il n'y a pas de sensibilité physique ; c'est l'âme qui sent dans son union avec le corps, mais sous le nom de sensibilité physique nous comprenons les sensations internes et les sensations externes.

LXI

Sensations externes. — Elles sont provoquées par l'action des objets extérieurs sur les organes des sens.

LXII

Sensations représentatives, affectives, indifférentes. — 1° la sensation est dite *représentative* en tant qu'elle nous met en rapport avec les objets. 2° la sensation est dite *affective*, en tant qu'agréable ou pénible; 3° la sensation est dite *indifférente*, c'est-à-dire, ni agréable ni pénible.

LXIII

Sensations inconscientes. — Discussion sur leur existence

LXIV

Eléments ou analyse d'une sensation. — 1° impression et sensation. 2° plaisir ou douleur, 3° connaissauce de l'objet (perception).

LXV

Conditions physiques et organiques de la perception externe. — 1° conditions *organiques* (œil, oreilles, etc.), 2° nerfs transmetteurs ; 3° cerveau.

2° conditions *physiques* : à peu près inconnues sauf pour l'ouïe et la vue.

LXVI

Question du sensorium commune. — 1° opinion d'Aristote, 2° de Bossuet, 3° de Descartes.

LXVII

Sensations internes. — Elles signalent l'état favorable ou fâcheux de nos organes.

1° sensations périodiques (faim, soif), 2° accidentelles ou morbides (fièvre), 3° classification de Bain) sensations des muscles, des nerfs, de la circulation, de la nutrition, de la respiration, sensations de chaleur, sensations électriques.

LXVIII

Question du sens interne. — Discussion à ce sujet.

LXIX

Question du sens vital. — (Voir psychologie) physiologique.

LXX

Sensations musculaires. — Elles accompagnent le plus ou moins de relâchement ou de contraction des muscles. — Nous apprécions ainsi le poids, le mouvement des corps.

LXXI

7ᵉ LEÇON

Besoins et appétits

Besoin et désir. — Le besoin est un état de gêne de nos organes qui réclament certaines satisfactions ; tout besoin produit un désir, mais tout désir n'est pas nécessairement un besoin.

LXXII

Sortes de besoins. — 1° périodiques (faim, soif, etc.). 2ᵉ accidentels (larmes, rires), 3ᵉ continus (respiration), 4ᵉ factices.

LXXIII

Besoins et appétits : sont généralement synonymes : il est cependant possible de les distinguer.

Caractère de l'appétit et du désir : I. Appétit : 1ᵉ organique, 2ᵉ localisé, 3ᵉ périodique.

II. Désir. 1ᵉ élan de l'âme, 2ᵉ non aveugle (nulla ignoti cupido), 3ᵉ désir plus noble (beau), 4ᵉ non périodique, etc.

LXXIV

Classification des besoins. — Ils correspondent à chaque fonction (nutrition, reproduction, relation.)

LXXV

Sensations subjectives. — Impressions des sens externes en l'absence des objets qui ont provoqué les sensations.

LXXVII

Lois des sensations. — 1ᵉ Loi de Müller : une même cause peut produire des effets différents et réciproquement ; 2ᵉ de Kant : il faut un certain degré ; 3ᵉ il faut un changement d'état (voir la perception externe) ; 4ᵉ la sensation est localisée.

LXXVIII

8ᵐᵉ LEÇON

Sensibilité morale

Sensations et sentiments — caractères — accessoires. — 1· Sensations indépendantes de l'intelligence, sentiments liés à quelqu'idée ; 2· sensation implique seulement une cause, sentiment implique en outre un but, une fin ; 3· sensation s'émousse par l'habitude, le sentiment progresse (voir n· 56).

LXXIX

Classification des sentiments. — I· Classification de *Descartes* : 1· admiration ou étonnement, 2· désir, 3· joie, 4· tristesse, 5· amour, 6· haine; les sentiments sont classifiés sous le nom de *pussions*.

II· Classification de *Bossuet* : 11 sentiments principaux, c'est-à-dire 11 passions divisées en deux groupes : 1· appétits concupiscibles (où domine le désir) ; appétits irascibles (où domine la colère), toutes ces passions se rattachent à l'*amour*.

III· Classification au point de vue de la quantité : 1· sentiments généraux n'impliquant pas un objet particulier (joie) ; 2· sentiments particuliers (ambition).

IV· Classification d'après leur nature : quatre classes de sentiments : 1· émotions, 2· inclinations, 3· affections, 4· passions.

V· Classification d'après leur fin ou leur objet : 1· sentiments intellectuels, 2· esthétiques, 3· moraux, 4· religieux, 5· sociaux, 6· personnels.

VI Autre classification symthétique de la précédente : 1· sentiments personnels, 2· sociaux, 3· supérieurs.

VII· Sentiments simples, sentiments composés (repentir).

LXXX

9ᵐᵉ LEÇON

Inclinations

Définition des inclinations. — Tendances naturelles spontanées à accomplir certains actes.

LXXXI

Importance des inclinations. — Elles sont la force primitive de l'humanité.

LXXXII

Classification des inclinations. — I· Classe : inclinations personnelles, inclinations sociales, inclinations supérieures.

II· Classification : inclinations physiques (objets sensibles), intellectuelles, morales.

LXXXIII

Inclinations personnelles. -- I· physiques (instinct de conservation, amour du bien-être).

II· Intellectuelles (intinct de curiosité, d'imitation, d'admiration, de vénération).

III· De la volonté (besoin d'activité, instinct de personnalité, amour de liberté, instinct de supériorité, amour du pouvoir, instinct de possession, amour des lieux et des choses accoutumés).

LXXXIV

Inclinations, sympathiques ou altruistes. — Sympathie comprenant :

1· Instinct de société, 2· de bienveillance, 3· de docilité, 4· de véracité et de crédulité, 5· amour de l'humanité, de la famille ; 6· affections électives : amour et amitié.

La loi commune qui régit toutes les affections sociales est le besoin d'activité ou la sympathie.

LXXXV

10ᵐᵉ LEÇON

Inclinations

Caractères des inclinations supérieures. — Elles sont :
1· Rationnelles, 2· elles aspirent à l'infini, 3· impersonnelles, 4· communicatives.

LXXXVI

Inclinations supérieures. — 1· Amour du vrai, 2· amour du beau, 3· amour du bien, 4· amour de Dieu.

LXXXVII

Fin des inclinations. — Au fond de toutes les inclinations nous trouvons l'amour de l'infini, de l'idéal, de Dieu.

LXXXVIII

Du plaisir et de la douleur dans les inclinations — Le rôle du plaisir et de la douleur n'y est guère que rémunérateur.

LXXXIX

11ᵐᵉ LEÇON

Émotions

Émotions. — **Différents sens** — 1· États affectifs assez violents et peu durables (peur, espérance, crainte, jouissance, souffrance, etc.)
II Nom donné à toutes les choses où interviennent le plaisir et la douleur.

XC

Source de la sensibilité physique et morale. — Le plaisir et la douleur. — I· Diverses définitions du plaisir et de la douleur ; difficulté de les définir.

II· Etat de l'âme dont l'activité est sutisfaite ou contrariée.

XCI

Théories du plaisir et de la douleur. — I· Le plaisir est inhérent à l'activité — le plaisir est le complément de l'acte (Aristote, Hamilton, Dumont, Bouilllier).

II· Objections contre cette théorie (rêverie, dégustation, sommeil, cessation de souffrance, travaux manuels).

XCII

Lois du plaisir et de la douleur. — I· Tout ce qui favorise le développement d'une tendance de l'âme produit le plaisir, 2· tout ce qui le contrarie produit la douleur, 3· tout acte favorable à l'organisme est accompagé de plaisir.

XCIII

Questions diverses. — I· Antériorité du plaisir ou de la douleur.

II· Le plaisir seul est-il positif et la douleur négative ?

III· Le plaisir et la douleur ont-ils une valeur absolue ?

XCIV

Classification des plaisirs. — I· Autant d'espèces de plaisirs que de modes d'exercer l'activité, 2· plaisirs actifs et plaisirs passifs, 3· plaisirs nobles et plaisirs honteux.

XCV

Caractères du plaisir. — Intensité, durée, pureté, simplicité.

XCVI

Rôle du plaisir et de la douleur (ou de la sensibilité) dans la vie humaine. — I· Leur

utilité pour notre conservation, 2· la douleur fait
ressortir le plaisir, 3· les sensations sont le principe de certaines passions généreuses, 4· influence
de la sensibilité sur les diverses facultés, 5· le
plaisir et la douleur sont la cause des progrès
matériels et moraux, 6· la douleur est une condition de mérite, 7· la douleur nous inspire la
croyance à la vie future.

XCVII

Développement analytique de la sensibilité.
— 1· impression, 2· plaisir et douleur, 3· désir de
l'objet, 4· dispositions habituelles : passions.

XCVIII

Question des émotions indifférentes. — Discussion à ce sujet.

XCIX

Sens vulgaire du mot « sentiment ». — Conscience que nous avons de notre état sensible.

C

Penchants. — Synonymes d'inclinations, mais
souvent avec un sens préjoratif.

CI

12ᵐᵉ LEÇON

Passions

Différents sens du mot. — 1· Etat de qui-
conque subit une modification. Le mot passion
comprend alors tous les faits de la sensibilité.
2· Mouvements, états violents momentanés ou
persistants de l'âme exaltés par l'imagination.

CII

Antécédents et naissance des passions. —
1· Inclinations naturelles, 2· plaisir ou douleur,
3· travail de l'imagination, 4· apparition de l'ha-

bitude et besoins factices créés, 5· complaisance de la raison et de la volonté.

CIII

Causes des passions. — 1· Prédispositions naturelles, héréditaires ; 2· satisfaction ou répression d'un penchant, 3· milieu physique et moral, 4· causes déterminantes : réflexion, imagination, vertige moral ; 5· complaisance de la volonté.

CIV

Passions, émotions. inclinations, affections· — Rapports et différences (voir passim)

CVI

Caractères de la passion. — Outre la durée et l'intensité ; elle est : 1· Aveugle, exclusive : 2· absorbante, 3· impérieuse.

CVII

Fatalité des passions. — Il faut tenir un juste milieu entre ceux qui prétendent que la passion tient uniquement à la constitution physique et ceux qui prétendent qu'elle en est complètement indépendante.

CVIII

Classification des passions. — Difficultés de cette classification.

I Classification de Bossuet (voir sentiments).

II. Essai de classification : au point de vue de la morale : passions basses et passions nobles.

III· Classification d'après leurs effets : passions développantes, passions déprimantes.

IV ...d'après leur objet : personnelles, sociales, intellectuelles, morales, religieuses.

CIX

Utilité et dangers des passions. — 1· Utilité pour l'intelligence, 2· pour la volonté, 3· pour la sensibilité.

II· Dangers pour ces mêmes facultés et surtout pour la moralité.

CX

De la valeur morale des passions. — Il faut
considérer : 1° la nature de leur objet, 2° leur
intensité, 3° opinions des épicuriens, des stoïciens,
des péripatéticiens.

CXI

Doctrines contraires à la sensibilité. — 1
mysticisme, 2° ascétisme, 3° stoïcisme, 4° égoïsme.

CXII

Théorie de Jouffroy sur les faits élémen-
taires de la sensibilité. — Il les réduit à la joie,
à la peine, à l'amour, à la haine, au désir, à
l'aversion, par analogie avec les phénomènes
physiques de dilatation, contraction, expansion,
concentration, attraction, répulsion.

CXIII

Différents sens du mot cœur. — Sensibilité ;
conscience, morale ; courage, volonté ; ensemble
des inclinations.

CXIV

Fin de la sensibilité : le bonheur.

CXV

13ᵐᵉ LEÇON

De l'Intelligence

Intelligence.— I. Définition : faculté de penser.
II. Caractères : 1° objective, 2° active, 3° le fait
de connaissance est fatal, 4° constante, 5° impersonnelle, 6° progressive (dans son objet).

CXVI

Caractères opposés de la sensibilité, de
l'intelligence et de la volonté. — (voir passim).

CXVII

Rapports de l'intelligence avec les autres facultés. — 1° avec sensibilité (la sensibilité en est la source non la cause), 2° avec la volonté : l'intelligence est le conseiller de la volonté.

CXVIII

Utilité de l'intelligence. — Le rôle de l'intelligence est avant tout de connaître : d'où la science, et de la science découlent l'industrie et les arts.

CXIX

Classification des facultés ou fonctions intellectuelles. — 1° facultés de connaissance immédiate ou d'acquisition (perception externe, conscience, raison), 2° facultés de connaissance médiate ou d'opération (mémoire, imagination, association des idées, jugement, abstraction, généralisation, raisonnement).

II° (au point de vue de l'idée) : (A), facultés d'acquisition : (conscience, perception externe, raison), (B) facultés de conservation et de conbinaison : (mémoire association des idées, imagination) ; (C) facultés d'élaboration (attention, comparaison, abstraction, généralisation) ; (D) facultés de coordination: (jugement, raisonnement); 5° (E) faculté d'expression (langage).

III° (D'après leur nature ou leur rôle) : 1° facultés, 2° opérations.

CXX

Fondement des facultés, leur usage. — I. nous les avons classées au point de vue de l'idée. II° Les facultés servent : 1° pour comprendre, 2° pour juger, 3° pour combiner et inventer.

CXXI

14ᵐ⁰ LEÇON

Conscience

Définition. — Pouvoir qu'à l'esprit de se connaître.

CXXII

Sa nature. — 1· c'est une faculté de connaissance, 2· elle a un objet spécial (en tant que réfléchie), 3· un caractère distinctif : l'identité du sujet et de l'objet ; 4· par le fait de conscier .a, l'âme se replie, pour ainsi dire, sur elle même.

CXXIII

Analyse du fait de conscience. — 1· modification quelconque, 2· connaissance de cette modification, 3· reconnaissance de cette modification comme sienne.

CXXIV

Formes de la conscience. — 1· conscience spontanée, 2· conscience réfléchie.

CXXV

Conscience, sens intime, perception interne. — Trois mots synonymes.

CXXVI

Théorie de la conscience spontanée. — 1· système de *Reid, Royer-Collard* : la conscience est une faculté spéciale ; 2· système d'*Hamilton* : la conscience est coextensive à toutes nos facultés ; 3· système d'*Aristote, Descartes, Kant, Maine de Biran* : la conscience s'étend à tous les faits psychologiques.

CXXVI

Nécessité de la conscience· — C'est la condition « sine qua non » de l'exercice normal de toutes les facultés.

CXXVII

Certitude de la conscience. — Il faut l'admettre ou douter de tout (voir scepticisme).

CXXVIII

Objet et portée de la conscience.— 1· Notion du *moi*, 2· idée d'*unité*, 3· idée d'*identité*, 4· idée de *cause*, 5· idée d'*activité*, 6· idée de *liberté*, 7· idée de *substance*, 8· idée de *force*, 9· idée de *fin*.

CXXIX

15ᵐ LEÇON

Limites de la Conscience

I· Ecole écossaise : l'âme n'est connue que par ses actes et modifications.

II· Système de Jouffroy : la conscience atteint l'âme elle-même dans sa substance.

III· Système de Leibnitz et de Maine de Biran : la conscience n'atteint qu'une partie de nos actes.

CXXX

L'inconscience — difficulté de la question. — Certains faits échappent à la conscience ; comment établir leur existence ? mais par le raisonnement on peut découvrir certains phénomènes latents : dans les faits d'habitude, dans la réminiscence, la rêverie, le sommeil — l'inconscience résulte de faits pathologiques, d'expériences scientifiques.

CXXXI

Division de l'inconscience. — 1· Avons nous conscience des objets extérieurs, 2· de notre corps, 3· de Dieu.

CXXXII

Origine de le conscience. — Elle est contemporaine de la vie.

CXXXIII

Conscience et réflexion. — *La réflexion est la conscience réfléchie.*

CXXXIV

Changements et degrés de la conscience. — 1· Selon le degré de l'intelligence, 2· elle s'obscurcit dans le sommeil, 3· elle réclame l'attention, 4· elle réclame une énergie suffisante, non excessive.

CXXXV

Sortes de consciences. — 1· Psychologique, 2· morale, 3· religieuse.

CXXXVI

16ᵐᵉ LEÇON

Perception externe — Ses antécédents

Difficulté spéciale. — L'étude de la perception externe nécessite certaines connaissances physiologiques.

CXXXVII

Antécédents de la perception. — Impression et sensation.

CXXXVIII

Différence des organes et des sens. — L'œil est *l'organe* de la *vue*, etc.

CXXXIX

Les cinq sens. — Toucher, vue, odorat, goût, ouïe.

CXL

Le sens musculaire et le sens organique (voir suprà). — Ce dernier serait répandu par tout le corps.

CXLI

Le système nerveux. — I· Système ganglion-
naire ou du grand sympathique (sensibilité et moti-
lité organiques).

II· Système cérébro-spinal : 1· encéphale (moëlle
allongée, cerveau, cervelet), 2· moëlle épinière,
3· nerfs.

CXLII

**Résumé des découvertes de la physiologie au
sujet de la sensation. —** 1· Bulbe de l'encéphale :
(fonctions de déglutition, mastication, respiration)
2· les lésions de la protubérance produisent des
mouvements convulsifs, 3· tubercules quadriju-
meaux : (centre des perceptions visuelles et des
mouvements oculaires), 4· substance grise : (fonctions intellectuelles, mouvements volontaires, instinct).

CXLIII

**Des organes des sens — Description phy-
siologique. —** I· *Odorat*, 1· fosses nasales, 2· mem-
brane pétuitaire, 3· nerf olfactif.

II· *Goût* : cavité buccale, langue, nerf triju-
meau.

III· *Ouïe* : 1· oreille externe (pavillon, conque,
conduit auditif), 2· oreille moyenne (tympan,
trompe d'Eustache), 3· oreille interne (rocher,
labyrinthe, nerf acoustique).

IV· *Vision* (chambre noire, sclérotique, cho-
roïde, cornée, iris, pupille, cristallin, humeur
aqueuse, humeur vitrée, muscles oculaires).

V· *Tact* (peau, papilles, nerfs).

CXLIV

**Conditions physiques et physiologiques de
la sensation. —** 1· Impression soumise aux lois
physiques et chimiques, 2· système nerveux,
3· cerveau.

CXLV

Mécanisme des sens — rôle particulier. —
I· Odorat (particules odorantes, air, nerf olfactif) ;
odeurs fraîches, suffocantes, piquantes.

II· Goût (aliments, salive, muqueuse, saveurs, douces, amères, brûlantes, etc.

III· Ouïe (mouvement vibratoire, air, nerf, cerveau ; sons aigus etc. — Perceptions acquises : position, distance des objets.

IV· Vision (rayons, convergence, réfringence, image sur la rétine). — Perceptions primitives : couleurs, longueur, largeur, — la gamme des couleurs.

V· Toucher et tact (contact, nerfs tactiles) avantages de la main. — Perceptions primitives : dur, froid, étendue (?) profondeur.

CXLVI

Vitesse et intensité des sensations (psychophysique). — Loi de Fechner : l'intensité de la sensation croit comme le logarithme de l'excitation. (?)

CXLVII

Lois de l'impression ou sensation physique. — 1· Loi de Müller : une même cause peut produire des sensations différentes ; 2· loi de Kant : nécessité d'un minimum sensible ; 3· changement d'état ; 4· localisation des sensations.

CXLVIII

Passage de la physiologie à la psychologie. — L'impression devient sensation par un travail mystérieux.

CXLIX

17· LEÇON

Perception externe

Définition. — Faculté intuitive qu'a l'âme de connaître les corps et leurs propriétés.

CL

Difficulté de l'étude de la perception externe. — La perception n'atteint les objets que par l'intermédiaire des sens.

CLI

Perception et sens. -- Souvent synonymes.

CLII

Différences de la sensation et de la perception externe. — 1· Dans la sensation l'âme est passive ; dans la perception elle est active. 2· Dans un certain sens, la netteté d'une perception est en raison inverse de la sensation.

CLIII

Influence de la volonté sur les organes des sens. — C'est un fait évident (on voit mieux en regardant attentivement).

CLIV

Eléments de la perception. — 1· Mouvement volontaire, 2· attention et comparaison, 3· habitude, 4· imagination et mémoire, 5· jugement.

CLV

Sens perceptifs et sens sensitifs. — Certains sens sont plus sensitifs (goût) que perceptifs et réciproquement.

CLVI

Perceptions naturelles et acquises. — Les perceptions naturelles sont celles qui résultent naturellement de chaque sens. — Les perceptions acquises sont celles qui proviennent d'une expérience antérieure (donhées mutuelles des sens, etc.)

CLVII

Perceptions simples et perceptions complexes. — Les perceptions complexes sont celles qui se composent de plusieurs perceptions simples (couleur verte composée du bleu et du jaune).

CLVIII

Hiérarchie des sens. — 1· Au point de vue de l'utilité, 2· au point de vue de la beauté et de la dignité.

CLIX

Services rendus par les sens. — 1· A la vie corporelle, 2· à la vie intellectuelle, 3· à la vie morale (l'ouïe agit sur l'âme).

CLX

Conditions d'exercice des sens. — 1· physiques (lois de la vision, de la réfraction); 2· organiques (état sain des organes), 3· conditions psychologiques (voir éléments de la perception).

CLXI

Education des sens. — 1· Par l'exercice intelligent de chacun d'eux, 2· par leur concours mutuel.

CLXII

Erreurs des sens. — On peut les éviter grâce à la réflexion.

CLXIII

Perception et hallucination. — L'hallucination est une réminiscence d'une perception antérieure.

CLXIV

Localisation des sensations. — 1· dans le cerveau, 2· dans diverses parties du corps, 3· hypothèse du sens vital pour les sensations internes.

ÇLXV

18ᵉ LEÇON

De la perception externe dans ses résultats. — Objectivité de la sensation — Connaissance de la matière.

Historique de la question. — I· Système d'Epicure (*spectres* ou images détachées des objets.)

II· Système d'Aristote : action des objets sur les organes comme le cachet met son empreinte sur la cire.

III· Théorie des idées-images (Scholastiques, Locke).

CLXVI

Conséquences de la théorie des idées-images. — Matérialisme, idéalisme, scepticisme de Berkeley, Hume ; harmonie préétablie de Leibnitz ; causes occasionnelles de Malebranche, etc.

CLXVII

Théorie de Reid. — Il voit un abîme entre la perception et la sensation.

CLXVIII

Qualités premières et secondes de la matière. — I· Qualités premières : celles sans lesquelles on ne pourrait concevoir la matière (forme, étendue, divisibilité, etc).

II· Qualités secondes : celles qui n'appartiennent qu'accidentellement à la matière et sans lesquelles on pourrait la concevoir (chaleur).

CLXIX

Existence de la matière. — I· Système réaliste : (A) réalisme vulgaire : la sensation est l'image pure et simple de l'objet extérieur : 2· (B) perceptionnisme de Reid et d'Hamilton : la sensation n'est que le signe naturel de l'objet.

II· Systèmes idéalistes : ils nient plus ou moins l'existence du monde extérieur (voir métaphysique).

CLXX

Raisons d'affirmation du monde extérieur. — I· Propension invicible ; 2· parceque notre propre existence serait inconcevable ¡3· par les principe de causalité et de substance.

CLXXI

Perception de notre propre corps. — Système de la double sensation de Garnier (toucher actif et toucher passif).

CLXXII

Perception de l'étendue. — Sa formation : 1· Rôle de la vue, 2· du toucher, 3· problème de Molineux, 4· problème de Cheselden, 5· la perception d'étendue est attribuable au sens musculaire (Bain).

CLXXIII

Diverses questions sur la perception externe. — I· Parmi tous les corps ne percevons-nous point que notre propre corps ? (il est l'intermédiaire obligé).

II· La connaissance de la matière est-elle une conception ou une perception (si le monde n'est pas tel qu'il apparaît à nos yeux, c'est une conception).

CLXXIV

Conclusion sur la perception externe. — I· Liaison de la sensation, de la perception, de l'impression.

II· Résultats de la perception. (A) opposition du moi et du non-moi, (B) idée d'espace.

CLXXV

19ᵐᵉ LEÇON

La Mémoire

Définition générale. — Faculté de se rappeler le passé.

CLXXVI

Objet de la mémoire. — I· La mémoire nous rappelle le moi lui-même ; la perception du passé est un fait inexplicable (Reid).

II· Nous ne nous souvenons à proprement parler que de nous-mêmes (Royer Collard).

III· La *perception* du *passé* est incompréhensible ; ces deux mots ne peuvent être unis (Hamilton)

IV· La mémoire c'est la conscience continuée.

V· La mémoire est essentiellement active, mais intermittente.

CLXXVII

Souvenir et réminiscence. — Le phénomène complet de la mémoire est le souvenir ; si nous prenons un souvenir pour une chose nouvelle c'est la réminiscence.

CLXXVIII

Analyse du souvenir. — 1· Réalité du fait, 2· antériorité de ce fait, 3· conformité de la représentation actuelle au fait lui-même, 4· localisation dans le temps.

CLXXIX

Perception externe et mémoire. — L'une nous représente les objets présents et actuels ; l'autre les objets passés et absents.

CLXXX

Mémoire et imagination. — La mémoire ne peut rien changer à l'image, c'est le contraire pour l'imagination.

CLXXXI

Perception, souvenir, conception (voir passiim). — I· Il n'y a entre les trois qu'une différence de vivacité (Hume).

II· Il y a une différence non de degré mais de nature.

CLXXXII

Conditions physiques, physiologiques et psychologiques de la mémoire. — I· Conditions physiques et physiologiques : santé, veille, état sain du cerveau, régime. climat.

II· Conditions psychologiques : (1· A) idée de durée (2· B) fait d'identité de la personne.

CLXXXIII

Lois de la mémoire. — 1· Vivacité de l'impression, 2· influence de l'attention, 3· la répétition, 4· influence de l'association des idées, 5· attraction ou émotion.

CLXXXIV

Formes et variétés de la mémoire. — 1· Mémoire volontaire et mémoire spontanée ; 2· spéciale : des dates, des nombres, des faits : 2· mémoire concrète et mémoire abstraite ; 4· mémoire sensitive et mémoire intellectuelle.

CLXXXV

20ᵐᵉ LEÇON

De la Mémoire (suite)

Unité de la mémoire. — Sous toute ses formes la mémoire est une.

CLXXXVI

Origine de la mémoire. — On peut admettre que la mémoire est la continuation de la conscience.

CLXXXVII

Amnésie et hypermnésie. — 1· Perte de la mémoire ; 2· surexcitation de la mémoire.

CLXXXVIII

Explications hypothétiques de la mémoire. — 1· Physiologique (vibrations nerveuses), 2· psychologiques (les modifications antérieures sont présentes, mais sans conscience, 3· par l'habitude, (mais la mémoire n'implique pas nécessairement répétition).

CLXXXIX

Qualités d'une bonne mémoire. — 1· Facilité à apprendre, 2· tenacité à retenir, 3· promptitude à se rappeler.

CLXXXX

Mnémotechnies. — Leur utilité, leurs inconvénients.

CLXXXXI

Mémoire topique des anciens. — Parties du discours rattachées aux différentes parties d'un lieu.

CLXXXXII

Importance et utilité de la mémoire. — 1· Elle est la condition de l'exercice de toutes les facultés, 2· elle est la source des idées de durée et d'identité, 3· son utilité pratique.

CLXXXXIII

Rapports de la mémoire avec la sensibilité et la volonté. — 1· Le souvenir sensible est plus durable, 2· efforts de volonté pour se souvenir.

CLXXXXIV

Conseils pour la mémoire. — Repasser souvent et confier ses pensées à l'écriture.

CLXXXXV

21ᵐ LEÇON

Association des idées ou états de conscience

Nature et définition de l'association.— Propriété qu'ont les idées de s'attirer les unes les autres.

CLXXXXVI

Est-ce une opération ou une faculté ? — Elle se produit d'elle-même.

CLXXXXVII

Eléments de l'association. — Elle porte sur les idées, les mots, les souvenirs, les sentiments, les mouvements, les actes, etc.

CLXXXXVIII

Association, mémoire, imagination. — (Voir passim).

CLXXXXIX

Circonstances favorables à l'association. — 1· Sensations, 2· sentiments, 3· rapports d'associations.

CC

Rapports d'association entre les idées. — I· Rapports contingents : de simultanéité, de contiguïté, de ressemblance, de contraste 2· rapports nécessaires : de cause à effet, de principe à conséquence, de fin à moyen et réciproquement, de tout à partie.

II· Classification : 1· rapports naturels, 2· rapports factices.

III· Classification : 1· rapports spontanés, 2· rapports réfléchis.

IV· Classification : rapports essentiels, 2· rapports accidentels.

CCI

Simplification des rapports. — Quelques philosophes les ramènent à ceux de contiguité et de ressemblance.

CCII

L'association et l'habitude. — I· L'association se ramène à l'habitude (Reid).

II· L'habitude se ramène à l'association (Dugald-Stewart).

CCIII

Association et liaison des idées. — Elles sont en raison inverse l'une de l'autre.

CCIV

Lois de l'association des idées. — I· Eu égard à sa formation : 1· un rapport, 2· multiplicité des impressions, 3· toutes les idées favorables ou contraires à nos goûts.

II· Eu égard à sa direction : 1· dispositions de l'esprit et du cœur; 2· inclinations naturelles ou acquises, 3· lois spéciales à la passion.

III· Eu égard à l'union des associations : 1· deux idées une fois associées ne se séparent plus, 2· L'association est en rapport direct avec la sensation.

CCV

Raison de ces lois. — On peut la trouver dans la raison qui fait à l'esprit un *besoin d'ordre* dans son activité.

CCVI

22ᵐ LEÇON

Importance de l'Association

Importance de l'association. — (A) 1. Dans le rêve, 2· dans la rêverie, 3· dans la réflexion, 4· dans la conversation.

(B) Son iufluence sur les facultés intellectuelles.

(C) Son influence sur l'esprit : elle développe les qualités propres à la réflexion, 2° nos qualités et nos défauts en résultent en partie.

CCVII

Limites de cette influence — Théorie anglaise de l'association. — L'influence de l'association autorise-t-elle comme le veut l'école anglaise (Hartléy, James Mill, Spencer, Bain) à rapporter à l'association tous nos sentiments, nos actes intellectuels, nos facultés, l'esprit lui-même?

CCVIII

Dangers de l'association. — Préjugés de l'autorité, de la tradition, de la naissance, du rang, de la routine, de la superstition.

CCX

Historique de l'association. — 1° Aristote. 2° Hobbes, Reid, Hume, Dugald-Stewart, École anglaise contemporaine.

CCX

23ᵐ LEÇON

Imagination

Définition. — L'imagination est susceptible de plusieurs définitions à cause de ses formes diverses. En général : faculté de se représenter sous une forme sensible des objets absents ou dépourvus de réalité.

CCXI

Formes. — I° Imagination passive, spontanée ou mémoire imaginative.

II° Imagination combinatrice (semble se confondre avec l'association des idées.)

III° Imagination créatrice ou poétique.

CCXII

Imagination passive, inférieure ou sens inférieur de Bossuet. — Ses rapports avec la sensibilité (hallucination, cauchemar, somnambulisme naturel ou provoqué, idées fixes, folie, impulsions.)

CCXIII

Imagination créatrice ou poëtique. — Elle forme, à l'aide des données de l'expérience, des combinaisons qui la distinguent de l'imagination spontanée. Elle ne crée rien, mais elle idéalise (voir esthétique).

CCXIV

Rapports avec les autres facultés. — 1· Avec la mémoire, 2· la perception, 3· la conception, 4· la sensibilité, 5· association des idées, 6· l'abstraction.

CCXV

Images dues aux différents sens. — Ce sont les sensations de la vue qui se représentent le plus facilement. Mais c'est une question de savoir s'il y a imagination des phénomènes affectifs.

CCXVI

Objet de l'imagination. — Elle a un domaine propre : le monde des possibles. Quelques philosophes comme Aristote, Descartes, Bossuet, réduisent l'imagination à la représentation des objets sensibles en leur absence.

CCXVII

L'imagination est-elle une faculté spéciale. — I· Ce n'est pas une faculté originelle, mais simplement un mode de la pensée résultant du concours de la mémoire et de l'association des idées (Reid, Stewart, Cousin).

II· C'est une faculté originale (A) parcequ'elle est innée (B) parcequ'elle à un objet propre : le monde des possibles.

CCXVIII

Imagination et entendement. — Ils diffèrent : 1· par leur objet (vrai, possible), 2· par leur fonction (comprendre — créer) 3· par leurs conséquences (sciences, arts), 4· par leurs procédés (réflexion, liberté d'allures), 5· par leur manière de concevoir leur objet (l'un généralise, l'autre individualise), 6· l'œuvre de l'imagination est impersonnelle — Le travail de l'entendement est réfléchi et personnel.

CCXIX

Imagination et goût. — 1· Le goût discerne ce qui convient ou non — l'imagination crée.

2· Le goût fait appel à la réflexion — l'imagination est spontanée.

3· Le goût fait le critique — l'imagination l'artiste.

CCXX

L'imagination créatrice, psychologie morale. — (Voir esthétique).

CCXXI

Analyse du travail de l'imagination. — I· Imagination inférieure : (A) reproduction pure et simple (B) aggrandissement des souvenirs.

II· Imagination supérieure : (A) combinaison des données de l'expérience (B) formation des symboles et des mots primitifs, des métaphores (C) création des types suivant un idéal.

CCXXII

24ᵐᵉ LEÇON

Imagination (suite et fin)

Du génie : Ses éléments constitutifs. — 1· Imagination vive, 2· raison ferme, 3· volonté forte, 4· le génie n'est pas fatal. 5· influence de l'éducation, 6· le génie et la folie (névrose), 7· sortes de génies (poétique, artistique, militaire. industriel).

CCXXIII

Utilité de l'imagination. — 1· pour l'intelligence (mémoire, perception, association des idées), 2· pour le bonheur, 3· pour l'élévation morale, 4· pour le langage.

CCXXIV

Dangers de l'imagination. — 1· pour le jugement, 2· pour la conduite, 3· pour le bonheur 4· pour le caractère, 5· pour la moralité.

CCXXV

Son rôle dans la vie humaine. — 1· Dans l'enfance (instruction, enseignement par les yeux), 2· dans l'âge mûr (châteaux en Espagne). 3· dans la vieillesse, 4· pour les sciences (figures géométriques, etc.), 5· pour la religion (pompes religieuses), 6· pour l'art.

CCXXVI

Historique de l'imagination. — Platon, Aristote, les Stoïciens, l'école d'Alexandrie, Descartes, Bossuet, l'école écossaise, Condillac, Laromiguière, Maine de Biran, Kant.

CCXXVII

Qualités de l'imagination. — Eclat, richesse, force fécondité.

CCXXVIII

Variétés d'imagination. — Rêveuse, triste enthousiaste.

CCXXIX

Imagination destructive. — Nom donné à l'imagination en tant qu'elle désassocie les images pour les combiner d'une façon différente.

Supplément à l'imagination (voir esthétique).

CCXXX

25ᵐᵉ LEÇON

Attention et comparaison

Définition de l'attention. — Action par laquelle l'esprit tend vers un objet pour mieux s'en pénétrer.

CCXXXI

But et objet. — 1· But : mieux comprendre, 2· Objet : sens, couleurs, sensations, sentiments volitions.

CCXXXII

Formes ou degrés de l'attention. — Observation, réflexion, application, contemplation, méditation, obsession, concentration.

CCXXVIII

Théories de l'attention. — 1· C'est une sensation vive (Condillac), 2· l'attention se rapporte exclusivement à la volonté (Laromiguière),3· l'attention n'est pas une faculté primitive, c'est un mode, une dépendance de l'activité libre.

CCXXXIV

Nature de l'attention. — Elle suppose l'intelligence et la volonté.

CCXXXV

Causes de l'attention. — Extérieures (bruit), intérieures (attrait).

CCXXXVI

Sortes d'attention. — Involontaire, spontanée ou d'habitude, réfléchie ou volontaire.

CCXXXVII

L'attention et l'habitude. — L'attention disparaît devant l'habitude.

CCXXXVIII

Lois de l'attention. — Il faut pour l'attention : 1· unité d'objet, 2· une certaine durée, 3· une certaine énergie.

CCXXXIX

Variétés de l'attention. — Elle varie d'un individu à l'autre et dans le même individu selon la santé et la maladie.

CCXL

Importance de l'attention. — 1· pour la sensibilité (elle l'avive), 2· pour l'intelligence (elle est la condition de tout progrès intellectuel).

CCXLI

Conseils pour l'attention. — Éviter la distraction, la préoccupation, la paresse d'esprit.

CCXLII

Dangers de l'attention. — 1· Prendre comme réel l'objet grossi par l'attention, 2· danger des spécialités.

CCXLIII

Comparaison

Définition de la comparaison. — Comparer c'est considérer dans un acte unique les rapports de deux choses.

CCXLIV

Théories de la comparaison. — 1· La comparaison est une double attention (condition), 2· la double attention ne suffit pas, il faut aussi l'existence des rapports.

CCXLV

Fondement de la comparaison. — Pouvons-nous avoir plusieurs idées à la fois ?

I· La chose n'est pas possible (Aristote, philosophes anglais, allemands.

II· C'est quelquefois possible (M. Janet)

CCXLVI

Objet de la comparaison. — Elle porte sur les faits d'expérience externes et sur les modifications internes.

CCXLVII

Nature de la comparaison. — Elle est à la fois intellectuelle et volontaire.

CCXLVIII

Idées dues à la comparaison. — Idées du semblable et du différent, du moins et du plus, du grand et du petit.

CCXLIX

Termes relatifs et termes absolus. — Les termes absolus sont ceux que nous pensons tous seuls sans penser à autre chose (carré); les termes relatifs sont ceux qui impliquent une autre notion que celle qu'ils représentent (ex : plus grand).

CCL

Formes de la comparaison. — 1· Spontanée, 2· réfléchie.

CCLI

Eléments, lois, conditions de la comparaison. — Elle suppose : 1· mémoire, 2· unité d'esprit, 3· attention.

CCLII

Importance de la comparaison. — 1· Nous lui devons toutes nos idées de rapports, 2· elle intervient dans la plupart de nos opérations intellectuelles (abstraction, généralisation) 3· elle est en tout une condition de progrès.

CCLIII

Sortes de comparaisons. — Physiques, morales, littéraires, scientifiques.

CCLIV

26ᵐᵉ LEÇON

Abstraction

Définition de l'abstraction. — Abstraire c'est ne voir dans un objet que l'une de ses qualités.

CCLV

Objet de l'abstraction. — Elle porte sur les qualités et les propriétés des objets.

CCLVI

Idées abstraites, idées concrètes. — L'idée concrète est celle de l'objet avec toutes ses qualités. L'idée abstraite n'existe que dans notre esprit.

CCLVII

Clarté des idées abstraites. — Contrairement à l'opinion vulgaire, les idées abstraites sont les plus claires et les plus faciles de toutes.

CCLVIII

Formes de l'abstraction. — I· Abstraction spontanée et abstraction réfléchie. II· Abstraction mentale et abstraction réelle.

CCLIX

Formations et conditions de l'abstraction. — I· Attention, 2· mémoire, 3· comparaison, 4· analyse et synthèse.

CCLX

Théorie de l'abstraction. L'abstraction et le langage. — L'idée abstraite n'est-elle que le mot lui-même ?

I· Hobbes, Condillac, Laromiguière, Stuart Mill, Taine : l'idée abstraite n'est qu'un vain mot.

II· L'idée abstraite préexiste dans l'esprit au mot qui l'exprime.

CCLXI

Abstraction et généralisation. — L'idée générale est nécessairement abstraite. Mais l'idée abstraite est-elle toujours générale ? Non, disent Reid et Hamilton.

CCLXII

Importance de l'abstraction. — 1· Pour le langage (voir langage), 2· pour la pensée : un homme est d'autant plus apte à connaître qu'il est plus capable d'abstraire, 3· pour la science en générale — l'abstraction donne les classes, les genres, les espèces, 4· pour les sciences (voir infra), 5· pour la démonstration.

CCLXIV

Importance de l'abstraction dans les sciences. — 1. Mathématiques (nombre, figure) 2· physiques et naturelles (propriétés), 3· morales (en logique et métaphysique surtout).

CCLXV

L'abstraction et les premiers principes. — Grâce à l'abstraction l'esprit s'élève à l'occasion des faits concrets aux principes abstraits, aux axiômes, aux vérités nécessaires.

CCLXVI

L'abstraction en géométrie. — (Figures et constructions idéales).

CCLXVII

Utilité pratique de l'abstraction. — Dans la conduite et les jugements.

CCLXVIII

Dangers de l'abstraction. — 1· Pour le jugement (entités, anthropomorphisme), 2· pour le raisonnement.

CCLXIX

Extension du mot abstraction. —

Il ne faut pas trop étendre le mot abstraction; autrement il n'y aurait pas une opération de l'esprit qui ne fût une abstraction. Il faut que la qualité abstraite soit inséparable de l'objet.

CCLXX

27" LEÇON

Généralisation

Généraliser. — C'est réunir dans un même groupe tous les êtres qui présentent un ou plusieurs caractères communs.

CCLXXI

Idée générale et idée concrète. — I° L'idée générale est celle d'une manière d'être commune à plusieurs objets ; l'idée concrète concerne un objet unique.

CCLXXII

Idée générale et idée abstraite. — L'idée générale est nécessairement abstraite, mais l'idée abstraite peut n'être pas générale si la qualité qui en est l'objet n'a été rencontrée qu'une fois.

CCLXXIII

Idée générale et idée collective. — L'idée collective a pour objet un ensemble comme l'idée d'armée. Mais si l'on ne considère qu'une seule armée l'idée n'est pas générale.

CCLXXIV

Objet de l'idée générale — Extension et compréhension. — I° Si elle considère le *nombre* des objets qui se ressemblent c'est son *extension*.

II° Si elle s'occupe des *qualités*, c'est la *compréhension*. — L'extension et la compréhension sont en raison inverse.

CCLXXV

Sortes d'idées générales. — 1° Idées d'espèces, de genres, 2° idées-images, 3° idées-types (le bien)

CCLXXVI

Nom commun et nom propre. — L'emploi des noms communs l'emporte considérablement sur celui des noms propres. — Raisons de ce procédé du langage (voir langage).

CCLXXVII

Formation des idées générales. — Elles résultent : 1° de la perception externe, 2° de l'attention, 3° de la comparaison, 4° de l'abstraction, 5° de la classification, 6° et 7° parfois de l'induction et de l'imagination.

CCLXXVIII

Elaboration des idées générales. — Elle a lieu spontanément ou avec réflexion. Il y a loin de l'idée générale de chêne que possède le vulgaire à celle qu'en a le savant, l'élaboration se fait grâce à l'éducation et à l'instruction.

CCLXXIX

Origine de la généralisation. — Elle a pour origine la *raison* qui ramène tout à l'ordre et à l'unité — Mais ici se pose une question : L'esprit débute-t-il par le général ou le particulier ?

I° Système (Adam Smith) : les premiers mots ont été les noms propres qui sont devenus les noms communs.

II° Système (Leibnitz, Max-Muller) : les noms communs ont été les premiers et sont devenus les noms propres.

III° Système : L'idée *générale distincte* n'est pas antérieure à la perception *individuelle*, mais l'idée *générale confuse* peut être antérieure à l'idée *individuelle distincte*.

28ᵐ LEÇON

Généralisation (suite et fin)

Classification des idées générales. — Sous le nom de prédicables, les Scholastiques classifiaient les idées générales en : genres, espèces, différences propre, accident.

CCLXXXI

Genre et espèce. — En logique, pour constituer l'espèce il suffit d'un petit nombre de caractères, ou d'un seul caractère commun à plusieurs individus — pour le genre, il suffit d'un caractère commun à plusieurs espèces. — Pour la scholastique l'epèce est la classe qui vient immédiatement après les individus, l'*infimum genus* et le genre : la classe immédiatement supérieure à l'espèce, le *proximum genus* (voir en logique la méthode pour déterminer scientifiquement les genres et les espèces, et la définition ; per genus proximum et differentiam specificam).

CCLXXXII

Différence, propre, accident. — La *différence* est le caractère profond qui détermine une espèce dans un genre.

Le *propre* est un caractère commun à tous les individus de l'espèce, moins important que la différence.

L'accident est un caractère moins important que le propre.

CCLXXXIII

Sortes de généralisations. — 1° Spontanée, réfléchie

CCLXXXIV

Importance de la généralisation. — 1° Elle est la condition de nos jugements, 3° elle simplifie la connaissance.

CCLXXXV

Danger de la généralisation. — Il faut prendre garde de négliger les faits individuels.

Appendice : querelle des universaux (voir
Histoire de la philosophie).

CCLXXXVI
Position de la question.

CCLXXXVII
Divers systèmes. — I° Nominalisme : Roscelin
et Occam.

II° Réalisme : Guillaume de Champeaux.

III° Conceptualisme : Abeilard.

CCLXXXVIII
Historique des systèmes.

CCLXXXIX
Rôle de l'église dans cette querelle.

CCXC
La question dans les temps modernes.

CCXCI
Examen des trois systèmes posés au moyen
âge.

CCXCII
Critique de ces trois systèmes. — part de
vérité et d'erreur.

CCXCIII
Réalisme et nominalisme modéré des con-
temporains.

CCXCIV

29ᵐᵉ LEÇON

Jugement

Définition du jugement. — Définition générale : juger c'est affirmer qu'une chose est ou n'est
pas.

CCXCV

Nature ou analyse du jugement. — I° Il porte
ou sur des idées ou sur des signes, 2° il implique
connaissance ou perception, 3° il implique affirmation, 4° il implique comparaison spéciale (sub-
somption).

CCXCVI

Théories du jugement. — Il s'agit de savoir si le jugement est toujours la perception d'un rapport de convenance ou de disconvenance entre deux idées.

I• Le jugement est une perception de rapports (Aristote, Locke, Condillac, Laromiguière).

II• Théorie de Reid et de Cousin : il y a des jugements spontanés ou primitifs qui ne sont pas le fruit de la comparaison.

CCXCVII

Classification des jugements. — I• Au point de vue de l'origine : (A) jugements à priori (B) jugements à posteriori.

II• Au point de vue de la compréhension des termes : (A) jugements analytiques (B) jugements synthétiques.

III• Au point de vue de l'extension — de la quantité (A) jugements généraux (B) jugements universels (C) individuels (D) particuliers.

IV• Au point de la qualité (A) affirmatifs (B) négatifs.

V Nécessaires et contingents.

VI• Absolus et relatifs.

VII• Substantifs et d'attribution, catégoriques, hypothétiques, disjonctifs, assertoriques, apodictiques, problématiques, etc.

VIII• Primitifs et réfléchis.

CCXCVIII

29ᵐᵉ LEÇON

(Suite)

Le jugement, l'abstraction, la comparaison, la généralisation, l'induction, la mémoire. — (voir passim).

CCXCIX

Le jugement et l'idée. — Le jugement est-il antérieur à l'idée comme le veulent Reid et Cousin ? Oui en tant qu'affirmation mentale.

CCC

Le jugement considéré comme faculté. — I° Le jugement se rapporte à la volonté.
II° Le jugement se rapporte à l'intelligence.

CCCI

Sens vulgaire du mot jugement. — Le mot jugement est réservé aux opérations importantes et difficiles.

CCCII

Proposition. — C'est l'expression verbale d'un jugement (voir logique).

CCCIII

Importance du jugement. — 1° Il est l'acte essentiel de la vie intellectuelle, 2° grâce à lui l'homme s'élève au dessus des choses de la nature.

CCCIV

30ᵐᵉ LEÇON

Raisonnement

Connaissance intuitive et connaissance discursive. — Si l'esprit ne voit pas de suite la vérité, il procède du connu à l'inconnu, il raisonne: c'est la connaissance discursive.

CCCV

Définitions du raisonnement. — 1° Raisonner c'est tirer une connaissance d'une autre, 2° c'est une opération par laquelle l'esprit va du connu à l'inconnu.

CCCVI

Son rôle. — Il peut être considéré : 1° comme mode d'extension de la connaissance, 2° comme mode de probation.

CCCVII

Ses formes. — 1° Raisonnement *inductif* qui fait passer à tous les points de l'espace, de la durée et à une série d'existences ce que nous n'avons observé que dans tel ou tel cas et sur un nombre restreint d'individus, 2° raisonnement *déductif* qui descend d'une vérité générale à une vérité particulière, 3° l'analogie — induction imparfaite (voir logique).

CCCVIII

Utilité de l'induction, de la déduction et de l'analogie. — 1° L'induction reconstruit le passé et sur elle reposent les sciences physiques, 2° la déduction est d'une utilité incontestable dans la pratique et surtout dans les mathématiques, 3° l'analogie donne à la probabilité une presque certitude.

CCCX

Différences des trois procédés. — 1° Induction conclut de l'*effet* à la *cause*; *des parties* au *tout*; ou ordinairement du *particulier* au *général*; de l'*espèce* au *genre*.

2° La déduction conclut du *tout* aux *parties*; c'est le contraire de l'induction.

3° L'analogie conclut de certaines ressemblances à d'autres, elle conclut du particulier au particulier.

CCCXI

Rigueur des trois procédés. — Logiquement la déduction seule est rigoureuse, les conclusions de l'induction et de l'analogie ne sont que probables. (voir logique).

CCCXII

Portée des trois procédés. — 1° la *déduction* ajoute peu à notre connaissance, puisque la connaissance que nous tirons d'un principe y était contenue ; 2° *l'induction* ajoute du nouveau à notre connaissance ; sa portée est considérable ; 3° les conclusions de l'analogie sont inférieures à celles de l'induction.

CCCXIII

Réunion des trois procédés.— Dans certains cas la même conclusion peut être obtenue indifféremment par les trois procédés.

CCCXIV

Origine du raisonnement. — Son origine est dans la perception d'un rapport entre un jugement primitif et un jugement secondaire.

CCCXV

Principe et base du raisonnement.— 1° Base de la déduction : principe de contradiction ; 2° base de l'induction : principe de causalité.

CCCXVI

Raisonnement et raison.— 1° Le raisonnement est *l'emploi* de la raison : 2° la raison est une faculté ; le raisonnement une opération ; 3° la raison est innée, le raisonnement est ultérieur ; 4° la raison donne des jugements synthétiques, le raisonnement est le jugement comparatif.

CCCXVII

Importance du raisonnement. — 1° Sans raisonnement, les principes resteraient sans conséquences ; 2° le passé et l'avenir n'existeraient pas pour nous ; 3° toutes les sciences sont fondées sur le raisonnement ; 4° c'est par le raisonnement que l'homme diffère de l'animal.

CCCXVIII

Abus du raisonnement. — Il faut contrôler avec soin la base de ses raisonnements et ne pas employer l'une des formes pour l'autre.

CCCXIX

Induction et association. — Le propre de l'induction c'est de rompre les fausses associations elle démêle le différent du semblable ; elle est active tandis que l'association est passive.

CCCXXX

31™ LEÇON

La Raison

Diverses définitions. — 1° Aptitude naturelle à comprendre : 2° synonyme de bon sens, 3° définition philosophique : faculté de concevoir l'absolu ou plus simplement de saisir le pourquoi des choses, les causes, les effets ; de prévoir les conséquences.

CCCXXXI

Origine et développement de la raison. — 1° La raison dans l'enfance (son innéité), 2° Dans l'homme fait, elle requiert certaines conditions intellectuelles, mentales, physiologiques, une certaine réflexion, 3° l'éducation et la société ont encore une certaine influence sur elle.

CCCXXXII

La raison et l'instinct. — L'instinct est un penchant primitif, irréfléchi. Le caractère propre de la raison est de saisir les causes et les effets, de prévoir les conséquences.

CCCXXXIII

La raison et l'esprit. — La raison saisit les principes : l'esprit est la faculté d'*appliquer* ces principes

CCCXXXIV

Formes de la raison. — I° (A) sens commun (B) bon sens (C) raison proprement dite.

II° (A) goût (B) conscience (C) raison spéculative; métaphysique, ou raison pure.

CCCXXXVI

Vérités de sens commun. — Elles sont de tous les temps, de tous les lieux ; elles sont suivies de tous dans la pratique — Reid les ramène à douze pour les vérités contingentes et à six groupes pour les vérités nécessaires.

CCCXXXVII

Vérités de bon sens. — Le nombre varie suivant les philosophes.

CCCXXXVIII

Raison en puissance et raison en acte. — La raison en puissance est le sens droit inhérent à toute intelligence saine. Elle n'est pas suceptible de degrès; La raison en acte ou en exercice dépend de certaines circonstances, certaines habitudes intellectuelles.

CCCXXXIX

Les problèmes de la raison

Quel est l'objet de la raison. — Quelle est la valeur de cet objet? Comment la raison en prend-elle possession ?

Iº Traditionalisme (de Bonald, P. Ventura, Lamennais) la raison est impuissante par elle-même à concevoir son objet. Les conceptions de la raison sont l'objet d'une *révélation* divine *transmise* oralement de génération en génération.

Réfutation. — 1° Il nie la raison, 2° il est en opposition avec l'histoire du développement intellectuel et moral de l'humanité, 3° il ne peut expliquer l'uniformité des vérités rationnelles dans les pays ou la révélation n'a pas pénétré, 4° il fait appel lui-même à la raison.

II. Scepticisme transcendantal de Kant. — 1° Les conceptions de la raison ne sont que des *formes* de l'intelligence humaine sans valeur *objective* par. ex. le temps, l'espace, le bien et le beau n'existent que pour nous et rien ne nous garantit que ces choses soient telles que nous les entendons, 2° les antinomies (voir Métaphysique).

III. **Idéalisme**. — Nous rangeons sous ce nom les doctrines diverses qui ont pour caractère commun de maintenir l'autorité absolue de la raison : on dit : Idéalisme pour marquer que l'objet de la raison est *en dehors de la réalité* et inaccessible à l'expérience.

Iº Réminiscence de Platon : Les âmes dans une vie antérieure ont contemplé les essences des choses ; puis en expiation de fautes, elles ont été enfermées dans des corps et condamnées à l'oubli, cependant les objets sensibles plus ou moins conformes aux essences rappellent ces dernières; ainsi la science n'est qu'une réminiscence.

2º La vision en Dieu de Malebranche : notre âme est intimement unie à Dieu par l'idée de l'infini qui est Dieu lui-même et qui est toujours présente à notre esprit — *or* dans la pensée de Dieu se retrouvent les idées, les types éternels de tous les êtres réels ou possibles ; c'est *donc* dans la pensée divine que nous les voyons directement.

3º L'innéité de Descartes : il varie : tantôt il semble admettre les idées innées ; tantôt il n'admet comme inné que le pouvoir de les former.

4º Virtualités de Leibnitz — Leibnitz admet des virtualités, des *prédispositions* innées à concevoir les vérités rationnelles ; exemple : la figure d'Hercule dans un bloc de marbre.

5º Idéalisme de Hegel : à l'origine des choses, il n'y a de réel que l'idée pure, indéterminée, l'être dépouillé de tout attribut. L'idée pure dans ses évolutions successives devient la réalité et explique toutes choses.

IV. Théories de l'association et de l'hérédité (voir Infrà).

V. Empirisme et positivisme (voir Infrà).

CCCXL

Caractères des connaissances fournies par la raison. — Elles sont : 1º universelles; 2º nécessaires ; 3º dites premières ; 4º absolues; 5º évidentes par elles-mêmes.

CCCXLI

32ᵉ LEÇON

Notions et vérités premières

Définition. — Les vérités premières sont des jugements où sont impliquées les notions premières.

CCCXLII

Existence des notions premières. — Elle est mise hors de doute : 1° par le témoignage du sens intime. 2° par le témoignage ou l'unanimité des langues.

CCCXLIII

Classification des notions premières. — I° Classification : (1°) notions premières du monde physique (d'espace, de temps, de force, de nombre, de grandeur, notion de la vie), (2°) notions premières du monde métaphysique (idée de substance, d'unité, de cause ou d'identité, de cause finale, de raison suffisante, d'absolu) (3°) notions premières du monde moral (idée de devoir, de justice, de vertu).

II° Classification : (A) notions premières du monde matériel (B) du monde moral.

III° Classification : (A) notions premières contingentes (B) nécessaires.

CCCXLIV

Simultanéité des notions et vérités premières. — Les notions ne peuvent guère exister sans les vérités premières qui les expriment.

CCCXLV

Sens du mot « premières ». — Elles son premières *logiquement* parlant.

CCCXLVI

Classification des vérités premières. — I. Classification (A) vérités premières du monde physique (espace, mouvement, temps, loi, force, quantité, etc.) (B) vérités premières du monde métaphysique : principes de substance, de causalité, de finalité, de raison d'être, etc.)

II· Vérités premières du monde moral, de bien, de beau, d'infini, etc.

III· Classification : (A) ordre logique : (principe d'identité), (B) ordre métaphysique : (principes de substance), causalité, finalité, ordre, de milieu exclu, de continuité, de raison suffisante, de moindre action, des indiscernables, (C) ordre mathématique : (vérités mathématiques), (D) ordre moral : (principe d'obligation).

CCCXLVII

Caractères des notions et des vérités premières. — 1· Universelles, 2· nécessaire, 3· évidentes, 4· impersonnelles.

CCCXLVIII

Réduction des vérités premières. — Selon Aristote : 10 vérités ou catégories (classes)

Substance, quantité, qualité, relation, lieu, temps, situation, état, action, passion.

II· Selon Kant : 12 catégories correspondant aux 12 espèces de jugements que l'esprit humain peut produire (A) quantité (unité, pluralité, totalité), (B) qualité (affirmation, négation, limitation), (C) relation (substance, causalité, communauté), (D) modalité (possibilité, existence, contingence).

III. Aristote les ramène encore au principe de contradiction.

IV. Il est possible de les ramener encore au principe de contradiction et de raison suffisante.

CCCXLVIII

Origine et fin des vérités premières. - (voir les problèmes de la raison).

CCCXLIX

Importance des vérités premières. — 1· Elles sont la condition de toute espèce de connaissance. 2· au milieu de la complexité des faits elles

permettent de saisir l'unité : 3° utilité de la notion
de substance ; 4° dans la vie morale (utilité de
l'idée du bien) ; 5° grâce à l'idée de cause, nous
nous élevons à la cause absolue, parfaite : Dieu ;
6° dans la pratique, elles sont le lien de toutes
les intelligences.

CCCL

Axiomes

Axiomes. — vérités évidentes par elles-mêmes
et rationnelles : (axiomes logiques d'identité de
contradiction, d'alternative).

CCCLI

Caractères. — Clarté, simplicité, évidence,
généralité, nécessité.

CCCLII

Axiomes mathématiques. — De la quantité
pure, de l'étendue, du mouvement; ils sont analytiques (voir axiomes en logique).

CCCLIII

33ᵐᵉ LEÇON

De la Notion de cause et du principe
de causalité

Notion de cause et principe de causalité. —
1° Notion : force intelligente et libre; 2° principe :
tout effet, ou plutôt tout changement a une cause.

CCCLIV

Origine de l'idée de cause. — I° Sensualistes :
1° Locke (succession); 2° Stuart Mill (antécédent ..
inconditionnel) ; II. Maine de Biran : la conscience
(voir conscience).

CCCLV

Origine du principe. — 1· Sensualistes : les sens, 2· origine rationnélle.

CCCLVI

Caractères de ce principe. — Nécessaire, universel, absolu, impersonnel.

CCCLVII

Valeur de ce principe. — C'est le principe de synthèse par excellence, c'est lui qui rend les sciences possibles.

CCCLVIII

Théorie anglaise de l'association.—Il suffit, dit cette théorie, d'expliquer l'habitude qu'a l'esprit de passer de l'antécédent à son conséquent. Or la répétition fréquente d'expériences où tous ces phénomènes ont été liés peut engendrer cette habitude, qui n'est qu'un cas des associations *inséparables*.

CCCLIX

Théorie de l'hérédité. — (Spencer, Lewis, Murphy).— Les générations successives sont solidaires les unes des autres, nonseulement physiquement, mais encore *intellectuellement* ; la raison humaine se constitue graduellement par le travail accumulé des générations. Les notions rationnelles sont maintenant innées mais elles ne l'étaient pas à l'origine.

CCCLX

Cause première et causes secondes. — La cause première est celle qui n'en suppose aucune autre ; celle d'où émanent toutes les autres causes secondes.

CCCLXI

34ᵐᵉ LEÇON

Principe des causes finales et de substance

Enoncé du principe et des causes finales. — Tout être a une fin, tout ce qui est a un but.

CCCLXII

Origine. — La même que celle de la cause efficiente (voir conscience).

CCCLXXIII

Analyse de ce principe. — 1· Principe d'ordre·
2· principe de finalité proprement dite.

CCCLXIV

Application de ce principe. — 1· Dans les
sciences physiques (lois-induction), 2· dans les
sciences naturelles (organes et fonctions), 3· dans
le monde moral : (A) Théodicée (voir existence de
Dieu), (B) psychologie (méthode des causes finales).

CCCLXV

Abus de ce principe. — Les partisans exagérés
de la cause finale ont été conduits à l'absurde.

CCCLXVI

Principes de causalité et de finalité. — Ils
ont tous les deux la même origine, les mêmes caractères, la même fin dernière. Cependant le principe de finalité ajoute quelque chose au principe
de causalité dont il est le complément.

CCCLXVII

Notion de substance. — La substance est
l'être d'une chose par opposition aux qualités ou
phénomènes qui manifestent cet être.

CCCLXVIII

Origine de cette notion et du principe de
substance. — La notion vient de la conscience,
le principe est une vérité rationnelle.

CCCLXIX

Divers systèmes sur l'origine. — I· Empirisme : la substance est une collection des propriétés composantes et le moi une collection de
sensations : (Objections : 1· une propriété sans
substance serait un effet sans cause, 2· toute collection suppose des individus, alors des propriétés
sont des individus, 3· toute collection suppose un
esprit pour la faire, qui fera la collection du
moi ?)

II· Idéalisme de Kant (voir métaphysique).

CCCLXX

Enoncé du principe — Toute qualité suppose une substance.

CCCLXXI

Les principes de substance et de causalité. — La notion de substance n'est que la notion de cause avec le caractère de durée et d'intensité. Le principe de substance peut donc se ramener au principe de causalité.

CCCLXXII

35ᵐᵉ LEÇON

Principes de raison suffisante — d'identité ou de contradiction — de temps — d'espace.

Principe de raison suffisante. — I· Tout à sa raison d'être, rien n'arrive sans raison.

II· Origine : c'est le résumé des principes de causalité, finalité, continuité, moindre action, des indiscernables.

III. Caractères: absolu, nécessaire, universel, etc.

IV. Sa source : vient-il de l'expérience ou de la raison ?

CCCLXXIII

Principe d'identité. — (idem esse), c'est la propriété qui ne peut appartenir qu'à la substance.

I Origine : l'identité du moi est donnée par la conscience et la mémoire — le principe d'identité est donné par la raison, grâce à laquelle la notion d'identité n'est plus individuelle mais universelle.

II. Enoncé : ce qui est, est — ce principe est analytique.

III. Caractères: rationnel, absolu, nécessaire, etc.

IV. Importance : il paraît naïf, son importance est cependant incontestable. Il est: (A) le fondement de toute certitude ; (B) le fondement du raisonnement mathématique ; (C) l'écueil du scepticisme.

CCCLXXIV

Principe de contradiction. — C'est le principe d'identité posé négativement.

I. Enoncé : il est impossible que la même chose soit et ne soit pas, dans le même temps et les mêmes conditions.

II. Ses noms : principes d'exclusion de milieu, de tiers exclu, d'alternative.

III. Valeur : il est le fondement du raisonnement indirect et par l'absurde.

CCCLXXV

Les principes d'identité et de contradiction ramenés au principe de raison suffisante. — Si je suis en droit d'affirmer que ce qui est, est, c'est qu'il n'y a pas une raison pour que ce qui est ne soit pas en même temps, si donc tout a sa raison suffisante, je ne puis changer l'affirmative en négative, dans des conditions parfaitement identiques.

CCCLXXVI

Historique du principe de contradiction — 1· Aristoste le formule ainsi : la même chose ne peut être à la fois et ne pas être — Le même sujet n'admet pas en même temps deux attributs contraires ; 2· Locke le regarde comme une propoposition frivole ; 3· Leibnitz le reconnaît mais y ajoute le principe de raison suffisante ; 4· Kant l'admet pour les jugements analytiques non pour les jugements synthétiques; il le formule; l'attribut ne peut pas être contradictoire au sujet ; 5· Schelling admet seulement le principe d'identité ; 6· Hégel déclare les principes d'identité et de contradiction inapplicables aux hautes conceptions de la raison ; 7· Garnier accorde peu de valeur à ce principe; 8· Cousin pense qu'ébranler ce principe c'est ébranler tout principe, tout jugement, tout raisonnement, toute perception de conscience, toute pensée : ôtez ce principe, dit-il et le « je pense, donc je suis » cesse d'être infaillible.

CCCLXXVII

Idées de temps et d'espace. — I· Origine : (A) idée d'espace — Pour quelques philosophes : elle dérive originairement de l'expérience; la conception de l'étendue abstraite et illimitée succède dans notre esprit à la perception de l'étendue réelle et limitée.

(B) idée de temps : la conception de la durée abstraite et illimitée succède dans notre esprit à la perception de la durée réelle et limitée.

II. Caractères de ces idées (voir caractères des principes rationnels).

III. Nature : le temps et l'espace sont-ils réels ? (A) Reid, Roger-Collard, Cousin, croient à leur réalité, mais se refusent à la comprendre ; (B) opinion vulgaire : le temps et l'espace sont réels ; (C) système de Kant — Ils ne sont que des formes *subjectives* de notre entendement ; (D) système de Leibnitz : l'espace et le temps ne nous sont connus que comme des rapports possibles de situation entre les corps, l'ordre des co-éxistants : ordo coexistentium. -- Le temps c'est l'ensemble des rapports de succession entre les événements : ordo succedentium.

IV. Caractères : D'après Kant, l'espace n'est pas un concept dérivé des impressions extérieures, ces idées sont nécessaires, ce ne sont pas seulement des notions abstraites ; l'espace et le temps sont infinis.

V. Espace et immensité — Temps et éternité. — L'espace et le temps sont les conditions d'existence des choses finies; l'immensité et l'éternité sont les attributs de l'être infini.

VI. Etendue et espace. — Sont souvent synonymes.

CCCLXXVIII

36ᵐ LEÇON

Idées du vrai, du beau, du bien, de l'infini

1· **Caractères.**— Rationnels, universels, nécessaires ; 2· le vrai, le beau, le bien n'ont pas d'existence réelle ; 3· comparaison entre le vrai, le beau, le bien, possibilité de leur union (principe d'ordre).

CCCLXXIX

Idée d'infini et de parfait. — C'est l'idée d'un être sans défauts ayant la plénitude de l'être.

I. Origine : elle ne peut venir des sens, c'est donc une idée innée et rationnelle, qui ne peut être obtenue ni par l'addition, ni par la multiplication du fini.

II. Clarté de cette idée : Avons nous une idée *positive* ou *négative* de l'infini ? (A) l'idée d'infini est négative ; (B) la forme négative n'est qu'apparente (Descartes, Fénelon, Gratry)

III· Importance de l'idée d'infini : c'est l'idée mère de toute la raison, puisque toute la connaissance humaine rentre dans les deux notions du fini et de l'infini. Grâce à cette idée nous avons une notion de l'existence de tous les êtres.

CCCLXX

L'être et le devenir dans l'infini. — Dans l'infini tout est actuel.

CCCLXXI

L'infini cause première. — Contrairement à ce que nous avons dit, l'infini est une cause sans cause.

CCCLXXII

L'infini en mathématiques. — Nous entendons par infini non pas ce qui est actuellement sans bornes déterminées (infini mathématique), mais ce qui ne peut en recevoir.

CCCLXXIII

37⁰ LEÇON

Raison (suite)

Impersonnalité de la raison. — Objectivement c'est-à-dire eu égard aux idées qui en sont l'objet, la raison peut être dite impersonnelle, les vérités sont identiques pour tous les esprits, antérieures à toute intelligence, mais il s'agit alors de la raison en puissance non en acte. La raison en acte est susceptible de degrés, elle est personnelle.

CCCLXXIV

Origine et fin des vérités premières. — I· Origine en Dieu : elles sont Dieu même (Fénelon, Bossuet, Malebranche).

II· Elles ont une valeur à titre de *possibles* ou de nécessités intelligibles.

CCCLXXV

Retour sur l'objet de la raison. — La raison a pour objet le *nécessaire, l'absolu, l'universel*, non ce qui est, mais ce dont la non-existence, la non-vérité est de toute impossibilité.

I· L'universel : rapports de situation, d'espace de temps, de durée, de simultanéité, de succession de cause, d'effet, de fin, de moyen, de substance, de qualité.

II· L'absolu : (absolutus, dégagé de tout lien, qui existe par soi). La raison en effet, par delà ce qui est dans l'ordre des possibles, conçoit ce qui doit être, certaines formes idéales (perfection, bien, beau).

CCCLXXVI

Aperçu de l'œuvre de la raison. — Elle porte : I· sur les possibles (mathématiques, métaphysique,

idée d'infini, de durée, d'étendue), 2· sur les
existences (existence d'une cause première,
questions du temps et de l'espace, de la perfection, du bien, du beau);

CCCLXXVII

Formation et progrès de la raison. — 1·
Éléments: (1·)bon sens inné (2·) besoin de circonstances favorables pour faire éclore les germes, grâce à
la comparaison, attention, abstraction, généralisation, langage.

2· *Formation* : le premier objet d'étude pour
l'homme, c'est lui-même, d'où acquisition des
idées de plaisir, de douleur, d'être, de non-être,
de qualité, de substance, de cause, d'effet, de fin,
de nombre, d'unité, d'extériorité, d'étendue.

3· *Développement* : les idées n'ont pas encore
toute la précision désirable, elles sont *senties* plutôt qu'entendues, il appartient à la réflexion de les
élever au plus haut degré de l'abstraction et de
la généralisation qu'elles comportent. L'expérience
ne peut expliquer le passage de l'abstrait au
concret, de l'individuel à l'universel.

4· *Progrès* : le progrès de la raison est à la fois
une œuvre individuelle et collective (A) œuvre
individuelle (voir suprà), (B) œuvre collective,
constituée par le langage, l'éducation, les relations sociales. Le progrès se fait inégalement aussi
selon les époques, les races.

CCCLXXVIII

Fonctions et utilité de la raison — 1· Tout
jugement s'appuie sur la raison, 2· utilité pour le
raisonnement.

(A) Le fondement de la déduction est le principe
de contradiction, (B) le fondement de l'induction
est le principe d'ordre, 3· la raison donne une
tendance à généraliser, 4· elle est absolument
nécessaire à l'expérience.

CCCLXXIX

38ᵐᵉ LEÇON

Résultats de l'activité intellectuelle — Idées du monde extérieur, du moi, de Dieu.

Résultats de l'activité intellectuelle. — Par la perception interne et externe nous avons l'idée du moi et du non-moi, par la raison nous avons l'idée de Dieu.

CCCLXXX

Du moi, historique de ce mot. — 1° Descartes dit « moi » au lieu de mon âme, mais il ne dit pas « le moi » pour désigner l'âme, l'esprit en général

2° Ce n'est que dans l'école allemande que l'on rencontre pour la première fois cette formule : 1° le moi dans Kant, 2° le moi dans Fichte, 3° dans Shelling et Hegel (voir métaphysique : idéalisme).

3° Le moi chez les modernes : c'est l'âme en tant qu'elle a conscience d'elle-même et qu'elle connaît ses modifications. L'opposition du moi donne le non-moi.

CCCLXXXI

L'idée du moi selon l'école phénoméniste. — Le moi n'est qu'une collection de phénomènes ou de sensations (Condillac) ; ou de propriétés (Taine) — Selons nous, nous nous connaissons comme force, comme cause, comme substance, comme cause finale, comme un et identique. Par conséquent le moi peut-être l'objet d'aperception immédiate (voir conscience).

CCCLXXXII

Idée du monde extérieur. — Nous avons donné (voir perception externe) nos raisons d'affirmation du monde extérieur. Citons seulement quelques systèmes.

I· Système (Lemoine, Helmotz). — **A.** — *De la localisation :* Toute sensation comporte l'idée de quelque chose d'extérieur, puisqu'elle est localisée, et l'on comprend comment, une localisation succédant à une localisation, se constitue peu à peu l'idée que nous avons des choses (Objection : mais la sensation et la localisation peuvent ne pas se rencontrer).

II· Système (Malebranche), : l'âme a l'idée innée de son union avec le corps.

III· Système (Reid). à propos de la sensation l'idée des objets extérieurs nous est suggérée comme par miracle.

IV· Système (Cousin) On explique le passage du moi au non moi par l'intervention du principe de causalité.

V· Système (Maine de Biran), dans le fait de l'*effort* nous percevons immédiatement en même temps que le moi, le non-moi qui lui résiste.

VI· Système (général), la sensation de résistance est le point de départ de la connaissance et l'idée du monde extérieur nous est suggérée en vertu du principe de causalité.

B. — *Connaissance des objets extérieurs.* — Comment le monde extérieur revêt-il à nos yeux l'aspect sous lequel nous le connaissons ? (A) formes innées de l'espace et du temps (B) résistance des corps, d'où l'étendue, la forme, le volume ; voilà pour les qualités premières des corps — Quant aux qualités secondes, elles sont attribuées au corps par la localisation de nos diverses sensations de goût, d'odeur, de son et surtout de couleur. Nous reconnaissons ces objets lorsqu'en les supprimant ou les modifiant, nos sensations se trouvent supprimées ou modifiées.

III· Distinction de notre propre corps des autres corps. Nous le distinguons parcequ'il est la condition de sensations constantes et identiques tandis que les autres sensations sont passagères et variables. — De plus lorsque nous touchons notre corps nous éprouvons une double sensation.

CCCLXXXIII

Idée de Dieu. — Nous avons l'idée d'infini, de parfait, d'absolu ; d'où nous vient-elle ? En vertu du principe de causalité nous sommes forcés de sortir des causes secondes pour nous élever à la cause première. Ainsi la pensée étant partie du moi s'élève en traversant le monde extérieur ou non-moi, jusqu'à Dieu.

CCCLXXXIV

39ᵐᵉ LEÇON

De l'origine des idées

Sens du mot «idée». — 1· Étymologie du nom (image des choses visibles), 2· synonyme de pensée, 3· synonyme d'aperçu, 4· synonyme d'opinion, 5· idées-images et idées-types de Platon.

CCCLXXXV

Idées et images. — L'idée n'est-elle qu'une image ? Mais nous avons l'idée de choses immatérielles, universelles, nous avons l'idée des formes et des propriétés de la matière qui ne tombent pas sous les sens.

CCCLXXXVI

Idées et pensées. — L'idée est l'élément dernier de la pensée.

CCCLXXXVII

Définitions de l'idée. — 1· Représentation à l'esprit d'une chose matérielle ou immatérielle, 2· acte de l'esprit connaissant les objets.

CCCLXXXVIII

Classification des idées. — I· Par rapport à leur objet : (A) d'après la réalité ou la non réalité de cet objet, réelles ou fictives, (B) d'apèrs la natur de leur objet : métaphysiques, physiques, morales, (C) d'après leur conformité ou non à leur objet : vraies ou fausses, exactes ou non exactes.

II· Par rapport à notre esprit (A) d'après la manière dont nous les concevons : claires ou obscures distinctes ou confuses, vagues, précises, (B) d'après leur origine : adventices, factices, innées (Descartes).

III· Considérées en elles-mêmes (A) d'après leur nature : abstraites, concrètes, générales, particulières (B) d'après leur caractère métaphysique : contingentes ou nécessaires, universelles ou particulières, relatives ou absolues.

CCCLXXXIX

Origine des idées. — Historique. — Il s'agissait de savoir à quelle faculté nous devons nos idées. Quand et comment nous les avons acquises?

I· Sensualisme, empirisme (expérience) ou encore positivisme. Démocrite, Epicure, en partie Aristote, les Stoïciens, Hobbes, Gassendi, Locke, Condillac, Laromiguière, positivisme contemporain. — Nihil est in intellectu quin prius fuerit in sensu.

II· Rationalisme : Platon, Descartes, Leibnitz, Kant : ces philosophes attribuent quelques idées à la raison et ajoutent à la maxime sensualiste le correctif de Leibnitz. — Nisi ipse intellectus.

CCCXC

Sensualisme ancien. — 1· Epicure : épanchements d'atomes, 2· Aristote : les objets s'impriment comme le cachet sur la cire. — Opinion recueillie, mais modifiée par les Scholastiques, acceptée jusqu'au xvii· siècle.

CCCXCI

Sensualisme de Locke. — Toutes nos idées sont simples ou composées : les idées simples sont formées par la perception externe, les idées composées sont le produit des idées simples à la suite des opérations de l'entendement : celui-ci consiste seulement à *réfléchir* sur ce fonds primitif. D'où deux sources aux idées : perception ex-

terne et réflexion. — Il dénature les idées de cause
de substance, etc. C'est le système de la *Table
rase* (white paper).

CCCXCII

Sensualisme de Condillac. — *Partie représentative.* — Comparaison de la statue : tout
dérive de la sensation : attention, comparaison,
mémoire, jugement réflexion.

Partie affective. — Besoin, désir, passion, volonté.

L'élément générateur des facultés est la sensibilité dont les autres ne sont que les *transforma-
tions* (théorie de la sensation transformée.

CCCXCIII

Sensualisme de Laromiguière. — Après avoir
réfuté Condillac, il distingue la *source* et la *cause*
des idées.

I· Il leur donne comme *source* la sensibilité
sous quatre formes ou espèces de sentiments : sen-
timent-sensation, sentiment de l'action des facultés de l'âme ou sentiment-de-soi, sentiment-de-
rapports, sentiment-moral.

II· Les idées ont leur *cause* dans l'*activité* de
l'esprit qui à l'aide de l'attention, de la comparaison, du raisonnement élabore les matériaux fournis par le sentiment.

CCCXCIV

Positivisme. — (Stuart, Mill, Herbert Spencer, etc. ; associations indissolubles, hérédité, etc.)

Forme nouvelle de l'empirisme (voir passim et
histoire de la philosophie).

CCCXCV

Rationalisme et traditionalisme. — I· Rationalisme exagéré : tout vient de la raison,
l'homme est en rapport avec Dieu. La vérité est
directement intelligible (Platon, Malebranche,
Spinoza, Alexandrins).

2· Rationalisme mitigé : innéité de Descartes.
Virtualités de Leibnitz (voir supra).

3· Traditionalisme (voir supra).

CCCXCVI

Réfutation générale du sensualisme. — 1· L'expérience nous donne le sentiment du particulier, du relatif et du contingent. Or nous concevons le nécessaire, l'universel, l'absolu (idées de temps, d'espace, de bien, de beau, de perfection, d'obligation morale : axiomes, principes de substance et de causalité).

2· Argumentation de Cousin : les idées dont nous venons de parler ne doivent rien à l'expérience.

3· Conséquences du sensualisme : il conduit au matérialisme et au scepticisme ; ses conséquences en morale et dans l'art.

CCCXCVII

Position et essai de solution de la question. — Il ne s'agit pas de rechercher l'origine des idées, c'est-à-dire la date de leur apparition ; la question est de savoir d'où elles viennent.

I. Idées des objets sensibles : sont dues à l'*intelligence* sous la loi de la *perception externe.*

II. Idées nécessaires : dues à l'*intelligence* sous la loi de la *perception interne.*

III. Idées métaphysiques : dues à l'intelligence en vertu des lois de la *raison.*

CCCXCVIII

40ᵐ LEÇON

Esthétique

Historique du mot. — 1º (Sentir); dans Kant synonyme de sensibilité ; 2º Baumgarten, disciple de Wolf conçut le premier l'idée d'une science du beau et la nomma esthétique, c'est-à-dire *perception confuse,* par rapport à la clarté des idées logiques — Mot peu heureux.

CCCXCIX

Importance de l'esthétique. — L'esthétique fait pour le goût ce que la logique et la morale font pour l'intelligence et la conscience. — Elle est à la fois une science et un art.

CCCC

Possibilité d'une science esthétique. — Objections : 1° Le beau est relatif, c'est une affaire de sentiment ; 2° l'inspiration ne peut être renfermée dans des classifications et des lois ; 3° s'il est permis à la philosophie de déterminer les principes de l'art, celui-ci doit craindre pour son indépendance.

CCCCI

Définition de l'esthétique. — C'est la science du beau ; la philosophie des beaux arts.

CCCCII

Place de l'esthétique dans la philosophie. — La place qu'elle occupe doit être moins considérable que celle accordée à la logique et à la morale, cependant comme elle étudie l'idée du beau elle se rattache à la philosophie.

CCCCIII

Caractères du sentiment esthétique. — 1° Désintéressé, 2. universel, 3° il consiste dans un sentiment d'admiration mêlé de respect.

CCCCIV

Théories du beau. — I. Théories réalistes, II. idéalistes, III. psychologiques.

CCCCV

Théories réalistes. — Il y a une beauté indépendante des jugements que nous en portons. Cette beauté est inhérente aux choses.

I. Système (Aristote P. André) : le beau c'est l'ordre et la proportion.

II. Système (St-Augustin) : le beau réside dans l'unité et la variété.

III. Système : Le beau c'est la grandeur.

CCCCXVI

Théories idéalistes. — Ces théories transportent la beauté des choses dans un idéal qu'elles représentent : le beau visible n'est que le reflet du beau invisible — Ces systèmes ont une haute valeur esthétique.

CCCCXVII

Théories psychologiques. — L'idée du beau n'a pas d'objet dans la réalité, ni en dehors de cette réalité. L'idée du beau a sa raison d'être dans la constitution de l'intelligence humaine.

2· Théorie intellectualiste (Diderot). Nous éprouvons un plaisir d'autant plus vif que l'objet éveille en nous plus d'idées.

3· Théorie de l'association (Dugald-Stewart).

CCCCXVIII

Essai de conciliation. — Existence et nécessité de l'idéal.

II· Part de vérité contenue dans les systèmes exposés plus haut.

CCCCXIX

Théorie kantienne du beau. — 1· Caractère du beau (voir suprà), 2· le beau est ce qui plaît universellement et sans concept., 3· le *beau est une finalité sans fin*, 4· la beauté réside dans une certaine concordance de l'objet avec le libre jeu de notre faculté de connaître, 5· le beau est ce qui est l'objet d'une satisfaction nécessaire : cependant il n'y a pas de science du beau, la beauté ne se peut démontrer.

CCCCXX

Degrès (?) du beau. — 1· Le beau est ce qui satisfait le libre jeu de l'imagination sans être en désaccord avec les lois de l'entendement, 2· le *joli* attire et séduit, 3 le *gracieux* est ce qui cause à l'âme des idées douces et charmantes, 4· le *sublime* impose, accable.

CCCCXXI

Le sublime. — 1· Sublime de grandeur ou mathématique et sublime de puissance ou dynamique

(Kant), 2· le sublime est ce qui inspire la terreur (Burke), 3· le sublime est ce qui effraie en nous laissant le sentiment de notre sécurité.

CCCCXXII

41ᵐᵉ LEÇON

De l'art — de la fiction — de l'idéal — idéalisme — réalisme — imitation — expression.

L'art en général. — C'est la faculté de produire le beau ou autrement, c'est la reproduction aussi harmonieuse que possible du réel et de l'idéal.

CCCCXXIII

L'art et la science. — I· Leurs différences. Ils diffèrent : (A) par le but : la science a pour but de connaître, l'art a pour but de reproduire ; (B) par l'objet : la science embrasse le monde idéal et sensible, l'art n'agit que sur la matière ; (C) par les résultats : la science part du concret pour s'élever à l'abstrait, l'art ne se sert du général que pour aboutir au particulier ; (D) par les procédés : la science suit les règles la méthode. l'art a ses procédés, mais aussi une certaine initiative.

II· Leurs rapports : ils sont tous les deux des créations de l'intelligence et l'art a besoin de la science dont il est l'application.

CCCCXXIV

Arts mécaniques et beaux arts. — Ils diffèrent 1· par la destination : les arts mécaniques ont pour but : l'utile ; il n'en est pas de même des beaux arts : 2· les arts mécaniques ne font que transformer la matière — Les beaux arts sont plus libres ; 3· les arts mécaniques s'appuient sur des bases scientiques : les beaux arts relèvent surtout de l'imagination.

CCCCXXV

Origine de l'art. Causes de sa naissance. — 1° Universalité de l'attrait pour le beau, 2° activité de nos facultés, 3° consolation dans l'affliction.

CCCCXXVI

Essence de l'art. — L'art est-il essentiellement la production du beau ? — Pour faire une œuvre d'art il faut et il suffit d'une combinaison sensible et susceptible d'agréer à l'imagination.

CCCCXXVII

Fin suprême de l'art. — C'est la production du beau.

CCCCXXVIII

Fiction et idéal. — 1° La fiction est une combinaison d'images qui appartient à la fantaisie ; c'est à dire qui est arbitraire en général (chœur des nuées d'Aristophane) ; II. l'idéal (idée de perfection), est la forme déterminée, vivante d'un être tel qu'il serait à un moment de son existence, si affranchie des obstacles du monde réel il déployait en toute liberté les facultés propres à sa nature.

CCCCXXIX

Comparaison de la fiction et de l'idéal. — I. Ressemblances : ils appartiennent l'un et l'autre au monde des possibles.

II. Différences : (A) la fiction est endehors de la réalité ; (B) l'idéal est plus vrai que la fiction plus vrai que la réalité même.

CCCXXX

L'imitation dans les beaux arts. — Par cela seul qu'il imite l'art est assuré de plaire et sans l'imitation de la nature, l'artiste tomberait dans l'incroyable, la fantaisie. Mais l'art doit-il se borner à imiter, peut-il *tout* imiter ?

CCCCXXXI

Réalisme et idéalisme. — I° Réalisme : rien n'est beau que le vrai, le vrai seul est aimable.

II° Idéalisme : (A) si l'art se condamne à copier, il se condamne à l'impuissance ; (B) quand même l'illusion serait possible, elle serait pénible ; (C) si l'illusion va trop loin, le sentiment de l'art disparaît ; (D) a quoi bon reproduire ce dont la nature nous montre les originaux ? (E) le réel lui-même a son idéal ; (F) la nécessité du beau idéal se tire des imperfections du réel ; (G) le réalisme est contraire à la raison ; (H) le réalisme est contraire à la conscience ; (I) le réalisme est contraire au goût, à la liberté et à la dignité de l'art.

CCCCXXXII

Expression — Sa nécessité. — 1° Certaines formes de l'art sont éminemment expressives ; 2° il y a un beau d'expression, l'art s'appauvrirait donc s'il renonçait à l'exprimer ; 3° la vie morale est fermée à l'imitation ; on n'imite pas les sentiments, on les exprime ; 4° il y a des objets nécessairement expressifs n'en reproduire que les formes, ce serait les amoindrir ; 5° l'art intellectualise l'objet exprimé ; la forme sensible fait place à l'idée ; 6° l'expression fait valoir les choses les plus laides ; 7° si l'art n'exprimait pas, il ne répondrait pas aux aspirations de l'artiste qui fait passer son âme dans son œuvre,

CCCCXXXII

Naturalismes. — I° Naturalisme ou réalisme exagéré.

II° Le vrai naturalisme : quoiqu'un peu étroit il assigne pour fin suprême à l'art l'imitation intelligente et sympathique de la nature.

CCCCXXXIII

Idéalisme exagéré. — Si l'expression seule importe, la forme peut être négligée. De là la tendance à voiler la réalité, à sacrifier le fini de l'exécution à l'effet, le coloris au dessein, l'art à l'inspiration philosophique ou religieuse. — C'est au contraire dans l'union harmonieuse de l'idée et de la forme que consiste l'art.

CCCCXXXIV

42ᵉ LEÇON

Esthétique (suite et fin)

Art classique et art romantique. — Différences essentielles : 1· antithése du polythéisme et du christianisme (Hegel), 2· antithèse du naturalisme et du spiritualisme (Schelling), 3· antithèse du beau et du sublime (M. Janet).

CCCCXXXV

Formes de l'art. — La couleur donne naissance à la peinture ; la forme donne naissance à l'architecture, à la sculpture, au dessein. — Le mouvement donne naissance à la danse ; le son donne naissance à la musique. à la poësie. — L'art dramatique dérive du mouvement, de la forme, du son et de la couleur.

CCCCXXXVI

Origine hiératique de l'art. — On a voulu voir dans l'architecture et surtout dans l'architecture religieuse, la forme primitive de l'art.

CCCCXXXVII

Formes du beau. — I· Classification : (A) beau absolu, Dieu (B) beau physique, réalisé dans la nature (C) beau intellectuel, réalisé par l'intelligence (D) beau moral.

II· Classification : (A) beau réel, (B) beau idéal, (C) beau relatif.

CCCCXXXVIII

Manifestation du beau dans la nature et dans l'homme. — I· Règne minéral (ordre), 2· règne végétal (apparition de l'activité), 3· règne végétal, 4· dans l'homme.

CCCCXXXIX

Génie créateur dans les arts. — Son caractère fondamental est de concevoir d'une manière vive l'union du réel et de l'idéal et l'exécuter (genitum, génie).

CCCCXL

Fatalisme esthétique. — L'art, dit-on, est fatal parcequ'il dépend de la nature, du climat, du milieu ?

CCCCXLI

Amoralité de l'art. — L'art ne doit pas être immoral, mais doit-il être amoral ?

CCCCXLII

Le laid dans les arts. — On peut dire que le laid y a sa place à titre de repoussoir.

CCCCXLIII

Historique de l'esthétique. — I· Dans Platon, Aristote, Plotin, Saint-Augustin, Longin.

II· Crousaz et le P. André.

III· Ecole de Leibnitz et de Wolf : Baumgarten.

IV· En Angleterre : Burke et les sensualistes.

V· Diderot et les encyclopédistes.

VI· Shlegel, Winkelman, Lessing, Gœthe, Kant. Shiller.

VII· En France et en Suisse : Jouffroy, Cousin, Charles Levêque, Lamennais, Tapfer, Pictet de Genève, Taine, etc.

CCCCXLIV

43ᵐᵉ LEÇON

Volonté

Définition. — Faculté qu'a notre âme de se rendre consciemment et intentionnellement cause de ses modifications — elle diffère donc de l'instinct et de l'activité spontanée — c'est une activité réfléchie.

CCCCXLV

Rapports avec les autres facultés. — I Elle est irréductible à la sensibilité.

II· Différences de la volonté et du désir (A) désir fatal, volonté réfléchie ;(B) désir affectif, volonté calme, etc.

III· Elle est irréductible à l'intelligence.

CCCCXLVI

Analyse de l'acte volontaire. — Il implique : 1· l'idée d'un acte à réaliser, la conception d'une alternative ; 2· celle d'une fin, de motifs pour ou contre ; 3· une délibération, 4· la détermination, 5· l'exécution (en partie).

CCCCXLVII

Affirmation et volition — Affirmer est-il vouloir ? Non affirmer uu fait c'est dire qu'il existe : vouloir un acte c'est faire qu'il soit.

CCCCXLVIII

Volonté et amour. — On a essayé de réduire la volonté à l'inclination en la confondant avec l'amour.

L'amour consiste dans la tendance à l'union, mais l'effort pour l'atteindre réside dans la volonté qui est : 1· réfléchie, 2· libre, 3· spontanée.

CCCCXLIX

Volonté spontanée. — Dans certaines circonstances où il semble impossible de délibérer, la délibération existe cependant, mais rapide comme l'éclair.

CCCCL

Qualités de la volonté. — Décison, fermeté, énergie.

CCCCLII

Influence de la volonté. — 1· Sur l'organisme: elle peut modifier le jeu des organes, réprimer la manifestation des sentiments, manifester ces sentiments en leur absence, perfectionner les organes des sens.

II· Sur la sensilbilité : elle peut combattre les besoins, les passions, les affections, les habitudes, les souffrances.

3· Sur l'intelligence : elle intervient dans l'attention, la comparaison, le jugement, la perception, la conscience, la mémoire, l'imagination, Elle peut modifier l'homme jusqu'à le transformer.

CCCCLIII

Limites de la volonté. — 1· Dans notre constitution : elle ne peut susciter des aptitudes dont le germe n'existerait pas. elle travaille sur un fonds donné ; 2· dans la nature de cette faculté : elle a besoin de faire appel à la sensibilité et à l'intelligence.

CCCCLIV

La Liberté

Idée et division de la liberté. — En général être libre, c'est n'être pas contraint ; 1· liberté physique : elle est tout organique ; 2· liberté civile comprenant la liberté individuelle, de conscience, commerciale, industrielle ; 3· liberté morale ; on dit aussi libre-arbitre, c'est cette dernière dont il s'agit ici.

CCCCLV

Nature de la liberté. — 1· La liberté réside dans le choix ; 2· dans la science (Platon) ; 3· dans la vertu (Stoïciens); 4· dans l'absence de contrainte; 5· dans l'amour ; 6· dans la raison et dans la volonté. La raison permet de juger des motifs et pour lui obéir. il faut la volonté — La liberté est dans un certain sens un don de la nature et en partie une conquête de l'homme.

CCCCLVI

Définition de la liberté. — C'est le pouvoir que possède un être doué de raison et de volonté, de conformer ses actes à cette raison.

CCCCLVII

Degrés de la liberté. — Elle grandit avec la raison et la volonté, s'amoindrit avec elle ; se mesure aux lumières de la première et à l'énergie de la deuxième.

CCCCLVIII

Conditions de la liberté — 1· Conditions d'Aristote : la spontanéité de l'acte et le choix ; 2· de Leibnitz : contingence de l'acte, possibilité du contraire ; 3· autres conditions : intervention de la raison et de la volonté.

CCCCLIX

Preuves de la liberté. — 1· Consentement universel : tout ce qui se passe dans la société, récompenses, peines, contrats, institutions civiles, fait foi de la croyance universelle à la liberté, or tous les hommes ne peuvent se tromper sur un point capital ; 2· par l'idée même de la liberté : d'où nous vient cette idée, si nous ne sommes pas libres ? 3· par l'idée du devoir : je le dois, donc je le puis, c'est le postulat de la loi morale, selon Kant ; 4· par le témoignage de la conscience (objections : voir déterminisme) 5· par les conséquences du fatalisme : négation de la loi morale, de la vie future, de Dieu ; impossibilité de la société — les preuves sont quelquefois classifiées en preuves psychologiques, logiques, morales.

CCCCLX

44ᵐᵉ LEÇON

Fatalisme

Sortes de fatalismes. — Le fatalisme est en général la doctrine qui nie la liberté.

1· Fatalisme métaphysique.

II· Fatalisme religieux, III· déterminisme (fatalisme, physique, physiologique, psychologique.

IV· Fatalisme panthéistique, naturaliste, matérialiste.

CCCCLXI

Fatalisme métaphysique. — Une puissance mystérieuse enchaine la volonté humaine, c'est le destin, fatum, ou nécessité : 1· Fatalisme ancien, 2· mahométan, 3· de la nécessité.

CCCCLXII

Fatalisme religieux ou théologique. — Ils se fonde sur la considération de divers attributs divins : 1· La prescience divine (solution de Bossuet, de Leibnitz, solution optimiste), 2· la toute puissance divine, 3· le concours divin (Descartes), 4· la bonté et la justice de Dieu.

CCCCLXIII

Déterminisme. — Ce système ne doit pas être confondu avec le fatalisme : pour les fatalistes nous obéissons à des influences extérieures ; pour les déterministes nous obéissons à des influences intérieures et ces influencess sont nous mêmes.

I· Fatalisme physique : il s'appuie en général sur la science, sur le principe de causalité, la loi des contraires, de continuité ; l'immutabilité des lois de la nature, le mécanisme universel, le mécanisme interne, la corrélation des forces.

II· Le *fatalisme psychologique* : prépondérance des motifs ; la volonté est comme une balance qui incline toujours du côté du poids le plus lourd autrement dit l'intelligence détermine la volonté ; (A) *solution incomplète* : distinction des mobiles et des motifs (Jouffroy), (B) *autre solution* : si nous cédons au motif le plus fort c'est au motif trouvé librement le meilleur. Les motifs n'ont que la valeur que nous leur accordons. Ils se recommandent à la volonté sans la contraindre ; en leur obéissant c'est à nous que nous obéissons.

III· Fatalisme physiologique : influence du tempéramment, du sexe, de l'âge, du caractère.

CCCCLXIV

Nécessitarisme, ou système de la nécessité morale. — De même que tout fait a nécessairement une cause et qu'il résulte fatalement des circonstances dans lesquelles il est produit, de telle sorte que celles-ci étant données le fait est inévitable et pourrait être l'objet d'une prévision infaillible ; de même nos résolutions volontaires sont déterminées par les conditions mentales dans lesquelles elles se produisent et pourraient être prévues avec une certitude égale.

CCCCLXV

45ᵐᵉ LEÇON

Liberté (suite et fin)

Liberté d'indifférence ou d'équilibre. — Les Écossais dans le but de défendre la liberté ont prétendu que la volonté se décide parfois sans motifs (la guinée de Reid, l'âne de Buridan) — Les actes que l'on cite sont des actes mécaniques, non de vrais actes libres. — Tout acte volontaire sérieux ne peut avoir lieu sans motifs.

CCCCLXVI

Fatalismes matérialiste, panthéistique. — Naturaliste : Ces fatalismes sont les conséquences de trois systèmes dont nous parlerons plus tard.

CCCCLXVII

Limites de la liberté. — 1· Son domaine est restreint comme celui de nos facultés, 2· certaines tendances peuvent déterminer la direction de son exercice, 3· les penchants, les habitudes, les passions rendent cet exercice plus ou moins difficile. 4· la volonté comme l'intelligence n'est pas également développée chez tous. — Mais dans tous les cas nous avons une liberté suffisante.

CCCCLXVIII

Idée de la liberté. — Peut-on accorder à un philosophe contemporain que la liberté n'est autre chose que l'idée de la liberté se produisant elle-même en vertu d'une force intérieure qui lui est inhérente ?

CCCCLXVIX

Liberté du bien et du mal. — **Possibilité des contraires.** — On demande si la vraie liberté ne consisterait pas plutôt à ne faire que le bien et non le mal. — Mais le libre arbitre suppose la possibilité des contraires.

CCCCLXX

Historique de la liberté. — I· Chez les anciens Socrate et Platon fatalistes. — Aristote, partisan de la liberté.

II· Chez les modernes : (A) *Descartes,* Malebranche dénaturent la liberté en faveur de l'action de Dieu ; (B) *Leibnitz* méconnaît la liberté de détermination par l'harmonie préétablie, (C) *Kant* n'admet que la preuve morale de la liberté ; (D) *Hobbes* confond la volonté et le désir : (E) *Hume* nie toute activité ; (F) Diderot, d'Holbach, La Mettrie fatalistes.

III· Système de Spinoza : chacune des modifications de l'âme humaine a sa cause dans une modification antérieure, qui elle-même a sa cause dans une autre modification et ainsi de suite... à l'infini... Quelques-unes de ces causes nous sont connues, mais d'autres agissent sourdement ; je me figure alors que c'est moi qui agis par ma propre vertu et cette vertu imaginaire je la salue du nom de Liberté : « *Hoc humana libertas quam omnes se habere jactant in hoc solum consistit quod homines appetitus sui sunt conscii et causarum quibus determinantur ignari.* »

IV· Bayle et son objection (la girouette).

V· La liberté chez les théologiens — la grâce et la liberté — les Manichéens. — Scotistes — Thomistes — Luther — Calvin.

CCCCLXXI

La volonté principe de la personnalité humaine. — La volonté c'est la personne même ; la liberté est donc le principe de la personnalité et de la dignité humaine, de notre grandeur comme de notre misère.

CCCCLXXII

Dernière définition de la liberté. — Pouvoir d'agir d'après des idées ou des concepts, d'après des motifs fournis par la raison.

CCCCLXXIII

46ᵐᵉ LEÇON

Activité et habitude

Activité et volonté. — La volonté n'est que la forme la plus haute de l'activité. — Notre première idée d'activité, surtout d'activité volontaire nous est donnée par la conscience.

CCCCLXXIV

Espèces d'activité. — 1· Organique, 2· motrice ou spontanéité, 3· activité sensitive, 4· intellectuelle, 5· volontaire.

CCCCLXXV

Activité dans les trois règnes de la nature. — 1· Règne minéral : (cohésion, élasticité, incompressibilité, attraction, pesanteur, mécanisme) ; 2· règne végétal : respiration des plantes. La sensitive, la dionée ; 3· règne animal : respiration circulation, actions reflexes, instinct, volonté.

CCCCLXXVI

Modes de l'activité. — 1· Spontanée : (habitudes, instincts) ; 2· réfléchie (volonté).

CCCCLXXVII

Définition de l'habitude. — Disposition acquise résultant de la continuité ou de la répétition, à persister dans un état, en l'absence des circonstances qui l'avaient provoqué. C'est la répétition automatique d'actes qui ont pour la première fois dépendu de la volonté.

CCCCLXXVIII

Son domaine. — I· Dans le monde organique : (A) dans la plante (acclimatation et culture), (B) chez l'animal (acclimatation et domestication), (C) chez l'homme.

II· Dans la vie morale : (A) chez l'animal apprivoisement, (B) chez l'homme : rénovation en bien comme en mal.

CCCCLXXIX

Caractères de l'habitude. —·I· Acquise, 2· variable, 3· imputable, 4· irréfléchie.

CCCCCLXXX

Espèces d'habitudes. — I· Classification : (A) habitudes passives, dont la cause est en dehors de nous. Elles naissent de différentes sensations continues ou répétées (vue, odorat, tact).

(B) Habitudes actives ; dont la cause principale est en nous.

II. Classification : 1º habitudes de l'esprit, 2· habitudes de la volonté, 3· habitudes de la sensibilité, 4· habitudes héréditaires.

CCCCLXXXI

Lois de l'habitude. — I· Loi de l'activité spontanée : lorsqu'une série de phénomènes est produite une ou plusieurs fois, l'être vivant contracte une disposition à les reproduire.

2· Loi de l'habitude active : lorsqu'une modification produite spontanément par un être vivant se prolonge, l'organisme de cet être acquiert une tendance de plus en plus forte à conserver ce nouvel état ou à reproduire spontanément l'acte en question.

3· Loi des habitudes passives : l'altération apparente qu'un phénomène répété ou continué apporte à un être vivant, va diminuant avec le temps à mesure que le phénomène devient habituel.

4· Conditions pour contracter des habitudes : elles ne doivent pas être trop fortes et doivent s'imposer doucement.

CCCCLXXXII

Théories de l'habitude.— 1· Mécanique : l'habitude est un phénomène physique (esprits animaux) ou mécanique.

II. Théorie psychologique : l'homme tend à persévérer dans son être, et cette tendance résulte du besoin d'activité qui est le fondement de notre être.

CCCCLXXXIII

Nature et formation de l'habitude. — 1· Elle s'acquiert par la répétition et la continuation; 2· l'habitude commence avec le second acte (Albert Lemoine), un seul acte peut donc, quoi qu'en dise Aristote, déterminer un commencement d'habitude; 3· non seulement la répétition n'est pas la cause principale de l'habitude, mais elle en est souvent l'effet; 4· une des propriétés les plus remarquables de l'habitude c'est que le passé y est conservé dans le présent (Lemoine).

CCCCLXXXIV

Influence de l'habitude.— I· Sur la sensibilité : (A) elle favorise la perception, (B) elle amoindrit la douleur, (C) elle donne naissance à des besoins, à des affections.

II· Sur l'intelligence : elle facilite l'exercice de ses diverses opérations, concourt au développement des facultés, peut donner des qualités spéciales.

III· Sur la volonté : elle la fortifie d'une manière générale par son exercice et d'une manière spéciale selon la nature des efforts répétés.

IV· Sur l'activité : les mouvements et les actes habituels deviennent de plus en plus faciles.

CCCCLXXXV

Ses dangers. — 1· Pour la sensibilité : elle multiplie les besoins, les souffrances, les sujétions; 2· pour l'intelligence et la volonté : elle les affaiblit parfois ; 3 pour la conscience : les actions habituelles deviennent inconscientes.

CCCCLXXXVI

Moyens de corriger les habitudes. — 1· En mettant des intervalles de plus en plus longs, 2· en faisant naître d'autres habitudes.

CCCCLXXXVII

Rapport des habitudes avec la moralité. — Elles font contracter des vices et donnent naissance à des vertus.

CCCCLXXXVIII

47ᵐᵉ LEÇON

Actions reflexes

Habitudes héréditaires. — Instincts

Activité inconsciente ou actions reflexes : — Faits d'activité inconsciente : 1· phénomènes de la vie organique, 2 certains phénomènes cérébraux dont nous ne percevons pas les causes, 3· certains actes dont nous n'avons pas conscience et dus à une cause physiologique (respiration involontaire), 4· mouvements locomoteurs, 5· faits de l'imitation (baillement, contagion du suicide, du crime, de l'épilepsie'.

CCCCLXXXIX

Hérédité et habitude. — L'hérédité est l'habitude d'une famille, d'une race, d'une espèce : 1· hérédité physiologique (ressemblance physique,

atavisme), 2· hérédité psychologique et morale
(transmission de l'intelligence, du caractère, de
certaines passions).

CCCCXC

Instincts

Définition. — Stimulant intérieur ou tendance
innée de l'activité, identique dans l'espèce, à pour-
suivre certaines fins par des moyens prédétermi-
nés.

CCCCXCI

**L'instinct est-il psychologique ou physiolo-
gique.** — Il est l'un et l'autre.

CCCCXCII

Caractères de l'instinct. — 1· Inné, 2· fatal ou
irréfléchi, 3· relativement parfait, 4· uniforme et
spécial (dans les mêmes espèces), 5· en rapport
avec l'organisme, 6· en raison inverse de l'intelligence.

CCCCXCIII

Division des instincts. — 1· Relatifs à la
conservation de l'individu (nourriture, subsistance,
instinct de construction), 2· relatifs à la conservation de l'espèce, 3· instincts de société.

CCCCXCIV

Domaine de l'instinct. — 1· Pour l'activité :
mouvements instinctifs, 2· pour la sensibilité (caractère natif, tendances et peut-être quelques-uns
des mouvements du corps et du visage, 3· pour
l'intelligence : instincts de curiosité, véracité,
crédulité, imitation.

CCCCXCV

Théories sur l'instinct. — Origine des actes
instinctifs. — 1· Hypothèse de la sensation : 1·
des stimulants organiques, ou le développement

des sens ou encore des actions reflexes ou mouvements inconscients déterminent les actes instinctifs.

II· Hypothèse de l'intelligence et de l'initiative
individuelle (Montaigne).

III· Hypothèse de l'habitude (Condillac).

IV· Hypothèse de l'hérédité (Darwin, Spencer).

V· Hypothèse de l'habitude et de l'hérédité
réunies (Lamark).

CCCCXCVI

Progrès dans la nature. — L'évolution. —
1· La nature est dans un continuel devenir (dépla-
cement des astres, couches différentes du sol).

2· Le transformisme. — Le changement des
espèces inférieures peut aller de perfectionnement en perfectionnement jusqu'à engendrer les
espèces supérieures (?)

CCCCXCVII

Variabilité des instincts. — 1· Dans les plantes, 2· dans les animaux (élevage, dressage, acclimatation, domestication, croisement, etc.), 3·
dans l'homme (acclimatation, différence des races).

CCCCXCVIII

Sortes de variations.— 1· Artificielles, grâce
(A) à la tendance de tout être à varier, (B) à l'hérédité, (C) la sélection artificielle, la loi d'adapta-
tion, d'entraînement.

II· Naturelles: (A) la lutte pour l'existence (B) la
sélection naturelle (C). — Théorie de Spencer —
Laisser la nature à elle-même, raser les hôpitaux,
etc.)

CCCCXCIX

48ᵐᵉ LEÇON

Individualité et personnalité

Individualité. — (Individuum, chose qui ne
peut être divisée). Ensemble de propriétés qui distinguent un être de tous les êtres de son espèce.

Le mot individuel indique ce qui appartient à un objet d'une manière indivisible et inséparable, de telle sorte que l'on ne peut l'en détacher sans en détruire la nature. L'individualité comprend donc 1· les êtres eux-mêmes, 2· leurs qualités, 3· leurs attributs (manières d'être essentielles et permanentes), 4· leurs modes (manières d'être accidentelles), 5· leurs propriétés (pouvoir de produire, de subir des changements,6· leurs caractères (ensemble de modes), 7· leurs phénomènes (passage d'un mode à un autre mode).

D

Définition de l'individu. — On appelle individu tout être ayant une substance propre, là où est la substance, là aussi est l'individu.

DI

Caractères constitutifs de l'individu. - 1· Unité, 2· identité, 3· activité.

DII

Principe d'individuation. — (essence de l'individu) : I· Système : Il consiste dans la forme physique.

II· Système : dans la nature de l'être, c'est-à-dire au fond, dans l'unité et l'identité.

III· Système: dans l'activité chez l'animal, et la volonté chez l'homme.

DIII

Personnalité. — C'est l'individualité accompagnée de liberté et de réflexion (vis sui conscia, vis sui compos).

DIV

Ses conditions nécessaires — 1· La sensibilité, 2· la raison, 3· la mémoire, 4· l'activité, 5· la conscience, 6· la liberté.

DV

Son principe. — C'est la volonté libre.

DVI

Le moi et la personne. — La personne est l'être qui a conscience de son individualité, de son existence (voir idée du moi).

DVII

Caractères du moi. — I· Unité.

II· Identité prouvée par : 1· la conscience, 2· le raisonnement, 3· institutions civiles.

III· Activité.

DVIII

Personnalité et responsabilité. — La responsabilité est le caractère de la personne en tant qu'elle mérite qu'on lui impute ses actes.

DIX

40ᵐ LEÇON

Les signes et le langage (manifestations de la vie psychologique)

Des signes. — Un signe est une chose perceptible aux sens et qui éveille l'idée d'une autre chose, laquelle n'est pas actuellement perçue.

DX

Sortes de signes. — 1 Signes naturels, quand le rapport qui unit le signe à la chose signifiée est fourni par la nature, 2· signes artificiels.

DXI

Conditions de la signification. — Elle implique : 1· un signe, 2· une chose signifiée, 3· un rapport qui les unisse, 4· un esprit qui saisisse le rapport.

DXII

Diversité des signes.—Pronostics, symptômes, métaphores, symboles, apologues, allégories, mythes, signes non sensibles (sentiments, sensations etc.)

DXIII

Interprétation des signes. — Elle est plus ou moins difficile selon les cas.

DXIV

Langage. — Ensemble de signes qui nous servent à exprimer et à transmettre nos sentiments et nos pensées. — Il est naturel ou artificiel.

DXV

Langage naturel. — Ses caractères. — 1· Spontané, 2· expressif, 3· synthétique, 4· concret, 5· universel, 6· instinctif.

DXVI

Explication du langage naturel. — Est-il provoqué directement par les états de l'âme ? Où résulte-t-il d'autres mouvements plus profonds en rapport avec ces états.

I· Système (Reid, Jouffroy) : le langage naturel est un fait mystérieux, inexplicable. — La nature destinant l'homme à la vie sociale en a fait un être expressif.

II· Système physiologique : les mouvements expressifs se rattachent aux mouvements d'organes profonds tels que le cœur, les poumons, l'estomac directement affectés par les émotions.

III· Système naturaliste : l'habitude et l'hérédité, c'est-à-dire l'évolution, rendent compte non-seulement du jeu mais de la structure, du mécanisme du langage naturel (Darwin).

IV· Observations de Gratiolet : (A) ce qui avec le temps est devenu chez l'homme le langage de la vie morale ne fut originairement que le langage de la vie animale ; (B) nombre de mouvements s'expliquent par une sorte de convenance ou d'analogie avec les sentiments auxquels ils correspondent, (C) d'autres sont suggérées par les circonstances dans lesquelles le sentiment a été éprouvé originairement.

DXVII

Interprétation du langage naturel. — I· Système de (Reid, Jouffroy) : elle est spontanée, naturelle.

5

II· Système : elle provient du langage et de la réflexion.

DXVIII

Langage d'action.— Il s'adresse à la vue; c'est le jeu de la physionomie et diverses attitudes du corps exprimant la prière ou la menace, les gestes qu'il emprunte au langage naturel — il exprime des états de l'âme, des actions.

DXIX

50ᵐᵉ LEÇON

Langage (suite)

Langage proprement dit ou artificiel. — C'est l'ensemble des signes conventionnels dont nous nous servons pour exprimer et transmettre nos pensées.

DXX

Sa nécessité.— Ses conditions. — Sa nécessité se tire de l'insuffisance du langage naturel : ce dernier n'est pas à la disposition de la volonté, il manque de précision ; il ne peut exprimer les idées abstraites ; il est sans influence sur la pensée.

Ses conditions : (A) les signes doivent-être à la disposition de la volonté, (B) la perception doit en être précise et facile, (C) les signes doivent être affectés aux idées qui en sont les éléments.

DXXI

Caractères. — 1· Conventionnel, 2· analytique, 3· abstrait, 4· particulier

DXXII

Sortes de langage. — Ecriture, dessin, parole.

DXXIII

Ecritures. — 1· Avantages : action lente mais plus sure.

II· Sortes : 1· figurative, 2· symbolique, 3· idéographique, 4· phonétique.

DXXIV

L'écriture et la parole. — La parole offre certains avantages que n'offre pas l'écriture. L'acquisition de l'écriture est plus tardive et plus lente.

DXXV

Langage vocal et langage visuel. — Le langage vocal l'emporte sur le langage visuel, surtout parceque la voix attire plus l'attention et porte plus loin.

DXXVI

Langage articulé et... inarticulé. — Le premier est plus varié, plus riche, essentiellement volontaire et peut se ramener à un petit nombre de voyelles et de consonnes formant un alphabet.

DXXVII

Langues artificielles. — Nomenclature chimique, algèbre, sténographie, langue des sourds-muets.

DXXVIII

La parole et le langage naturel. — Posons dès maintenant que Dieu a donné à l'homme les organes générateurs du langage ; dans ce sens au moins la parole est un langage naturel ou si l'on veut d'origine divine.

DXXIX

L'homme a-t-il créé le langage ou l'a-t-il reçu tout fait? — I· Système (Condillac) : les sens ou l'expérience donnent naissance à toutes nos connaissances et par suite à leur expression.

II· Système (Bonald) : Dieu a donné à l'homme le langage tout fait.

III· Système : la linguistique contemporaine a simplifié le problème en distinguant dans le langue deux choses : l'élément matériel et l'élément formel, c'est-à-dire les racines et la façon dont elles se combinent; le second élément est évidemment le produit de l'industrie humaine. Quant aux racines, celles qui semblent irréductibles ne sont qu'au nombre d'environ cinq cents. MM. Renan et

Max Muller paraissent admettre pour le langage primitif un instinct spécial.

IV· Système (Ravaisson) : les besoins de la respiration, les impressions diverses font pousser les premiers cris qui seront répétés plus tard volontairement: c'est le premier langage.De ce langage étendu n tra par le concours de la volonté ce qu'on appelle les mots d'une langue.

V· Système : la question doit être posée ainsi au point de vue psychologique. L'homme a-t-il pu créer le langage ? Il l'a pu s'il a le pouvoir d'articuler, d'abstraire, et l'aptitude à reproduire les sous entendus. Le langage a commencé par des cris naturels et la langue s'est formée peu à peu grâce aux (?) onomathopées, à l'analogie, à l'abstraction, à la généralisation.

DXXX

Objection contre l'origine humaine du langage. — L'invention du langage demandait une telle puissance de réflexion que ce degré de réflexion est impossible sans le secours préalable d'une langue.

DXXXI

Langage et pensée. — Le langage transmet la pensée, concourt en partie à sa formation, il l'exprime ; leurs rapports sont donc étroits. Mais sont-ils inséparables? l'homme pourrait-il penser sans les mots?

DXXXII

Antériorité de la pensée sur le langage. — 1· Diverses facultés intellectuelles (perception, mémoire, imagination, conscience) peuvent, il nous semble, s'exercer sans le secours du langage; 2· le signe supposant une chose signifiée,la pensée doit préexister au mot qui l'exprime ; 3· l'idée d'existence personnelle doit au moins exister sans le langage.

DXXXIII

Système de Bonald. — L'homme pense sa parole avant de parler sa pensée autrement dit l'homme ne peut penser sans parler ; il ne pense que parcequ'il parle. — Il nous semble que l'homme qui crée la parole pour servir d'instrument à sa pensée, possède déjà la pensée.

DXXXIV

51ᵐᵉ LEÇON

Langage (suite et fin)

Unité de la pensée et du langage. — Elle est soutenue par les représentants les plus autorisés de la philologie moderne.

DXXXV

Rapports de la pensée et du langage. — La pensée est aussi intimement liée au langage, que l'âme l'est au corps : le langage sert pour la formation de la pensée, pour son expression et sa transmission, il est : 1· un instrument d'analyse (les langues sont des méthodes analytiques), 2· il donne naissance au jugement, 3· il rend possible l'abstraction, 4· il est un instrument de combinaison et de classification, 5· il est un instrument mnémotechnique.

DXXXVI

Influence du langage sur la pensée. — Le langage fixe, éclaircit la pensée ; 2· la parole provoque la pensée ; 3· les signes ont une influence sur nos facultés (sensibilité, conscience, imagination, mémoire, entendement) et sur nos opérations

DXXXVII

Influence de la pensée sur le langage. — La parole participe de la nature et des caractères de la pensée. Si la pensée est claire le langage le sera lui-même ; la parole est fille de la pensée.

DXXXVIII

La parole intérieure. — Il est facile de remarquer que nous ne pouvons guère penser, sans nous parler à nous-mêmes d'une manière plus ou moins distincte. La pensée, dit *Platon*, est le dialogue de l'esprit avec lui-même.

DXXXIX

Inconvénients du langage. — 1· Son origine est une imperfection, 2· en analysant la pensée il aide à la démembrer, 3· tendance naturelle du signe à détourner l'esprit de l'attention due à l'objet, 4· disposition à donner aux mots une valeur réelle, 5· comme nous apprenons à parler avant d'être capables de penser, nous recevons avec le langage des idées toutes faites, 6· diversité des idiômes, 7· imperfection de toutes les langues 8· dangers de se faire par l'écriture une mémoire de papier. Remède : bien penser pour bien parler. — Bannir les termes vagues, obscurs, équivoques (voir logique).

DXL

Utilité du langage. — Elle ressort de ce que nous avons vu plus haut, ajoutons : 1° le langage est une condition de progrès individuel ; 2· il est une condition de l'existence et du progrès de la société.

DXLI

Langage des sciences. — D'une importance excessive accordée aux signes est sortie cette proposition de Condillac : « la science se réduit à une langue bien faite » Mais la perfection du langage n'est que le signe extérieur de la perfection de la science.

DXLII

Appendice à la leçon du langage. —

Notions de grammaire générale

Grammaire générale et grammaire comparée — 1· Grammaire générale ; partant de ce principe que les formes *grammaticales* du langage doivent correspondre aux formes logiques de la pensée, elle subordonne la grammaire à la logique ; elle

essaie de rendre compte à l'aide de cette dernière
dss faits les plus généraux du langage en exami-
nant les lois de l'intelligence.

II· Grammaire comparée : elle rapproche et
compare les langues d'une même famille au point
de vue du dictionnaire et de la grammaire. Elle
essaie de déterminer les lois qui président à la
transformation des mots, de leurs racines, de leurs
éléments grammaticaux lorsqu'ils passent d'une
langue mère dans celle qui en dérive : cette
science appartient à la philologie.

DXLIII

Des mots. — La pensée ne comprend que deux
choses : l'idée et le jugement. Le langage ne
comprend donc que les mots qui traduisent les
idées et la proposition qui traduit le jugement. Or
il y a des mots invariables (adverbes), et des mots
variables (substantifs) — cette distinction est nécessaire pour simplifier.

DXLIV

Espèces de mots. — 1º substantifs (substat),
adjectifs (adjectus), articles (dans certaines langues),
verbes, prépositions, pronoms, conjonctions,
adverbes, participes (particeps), interjections.

DXLV

Des genres et des nombres. — Masculin,
féminin, neutre. — Singulier, pluriel, duel. —
Du verbe : 1º peut-on le définir un mot qui sert à
marquer l'affirmation ? 2º théorie de Port Royal,
n'admettant qu'un verbe essentiel : être ; 3· modes,
temps, sortes de verbes.

DXXXXVI

De la proposition. — (Voir logique).

DXXXXVII

Qualités d'une langue bien faite. — Précision,
richesse, analogie — qualités du style : variété,
élégance, harmonie.

DXXXVIII

Possibilité de l'unité du langage. — L'idée d'une caractéristique universelle comme dit Liebnitz, est-elle réalisable ? Autrement dit l'unité de la pensée ne rend-elle pas possible l'unité du langage ?

DIL

Possibiṛité d'une langue universelle. — La réalisation en semble encore plus difficile que celle de la paix universelle.

DL

Principaux systèmes de langues. — 1º Monosyllabiques (chinois) ; 2º agglomérantes (langues du caucase, tartare) ; 3ᵉ langues à flexion.

DLI

Langues analytiques et langues synthéliques. — 1ᵉ Synthéliques, elles rapprochent plusieurs idées dans un même mot (fugi) : à ces langues appartiennent : la concision, la force, une allure ferme, une grande puissance expressive ; elles sont favorables à l'éloquence et à la poësie ; mais on leur reproche leur obscurité.

2ᵉ **Languos analytiquos :** ollos décomposent la pensée ; chaque idée est rendue par un mot spécial : les termes alestraits y prédominent, de là un dégrd supérieur de clarté, d'abstraction, de précision, d'allure uniforme ; ces langues sont favorables à la science.

DLII

Inversion et ordre logique. — Les langues synthétiques comportent en général l'inversion, les langues analytiques comportent au contraire un ordre plus rigoureux et généralement conforme à l'ordre logique des idées.

DLIII

52ᵐᵉ LEÇON

Psychologie physiologique ou rapports du physique et du moral

Psychologie physiologique. — L'homme est à la fois esprit et corps et entre l'esprit et le corps l'union est si étroite qu'ils forment un tout naturel. C'est ainsi qu'est née la science des rapports du physique et du moral qu'on peut appeler psychologie-physiologique.

DLIV

Divisions de la psychologie physiologique. — 1· Rapports du physique et du moral, 2· examen de certains états résultant de l'alliance du physique et du moral (sommeil, rêve, somnambulisme, hallucination, folie), 3· psychologie comparée.

DLV

Rapports réciproques du physique et du moral. — 1ʳ Action réciproque du physique et du moral. 2· rapports des facultés et des organes. — Conditions organiques des facultés.

DLVI

Influence du physique sur le moral. — I· Influence des âges : 1· enfance, 2· jeunesse, 3· âge mur, 4· vieillesse.

II· Influence des sexes : constitution physique et morale de l'homme et de la femme.

III' Influence du tempéramment (flegmatique, sanguin, bilieux, mélancolique).

IV· Influence des maladies.

V· Influence des climats.

VI· Influence du régime (nourriture, narcotiques, régime moral, dépendant du régime physique).

VII' Influence de la race, de l'hérédité, de l'éducation physique.

DLVII

Influence du moral sur le physique. — 1ᵉ expression de la physionomie (sentiments, joie, tristesse, passions).

II· Action pathologique (influence des sentiments sur les passions et sur le cœur, les poumons, la rate, le foie).

III· Action des facultés sur les organes.

(A) Influence de l'imagination (idées provoquant des vomissements, guérison des maladies imaginaires).

(B) Action des passions (spasmes, coloration du visage, pleurs, vomissements, coliques.

(C) Action de la volonté (voir influence de la volonté sur l'organisme).

(D) Action des causes morales : sur l'âge, le sexe, le tempéramment, le régime, la maladie, le climat.

DLVIII

Rapports des facultés et des organes. — 1· les sens : (A) conditions de leur exercice, la psychophysique (voir antécédents de la sensation), (B)

Du sens vital

I· Système : Nous avons un sens intime des états de notre corps ; il semble que nous éprouvions le contre coup des causes qui nous affectent. Nous avons conscience du mal de tête, nous sentons battre notre cœur. Ensuite si nous localisons nos sensations c'est grâce à l'expérience et au sens vital — ce sens vital est reparti dans le corps entier.

II· Système : Nous avons, il est vrai, conscience d'une foule d'états qui correspondent aux états du corps, mais nous n'avons pas conscience des organes et des actes organiques. — Nous avons conscience des sensations sans voir ni comprendre ce qui se passe en nous, — Quant à la localisation des sensations ce n'est pas un fait primitif, mais une science acquise : il faut rejeter le sens vital.

2° Rapports de la mémoire avec les organes : (explication physiologique de la mémoire, résultats de cette action, dans les maladies, comme la fièvre typhoïde).

3· L'imagination et les organes (l'imagination créatrice est-elle une névrose ?)

4· Rapports de la sensibilité et des mouvements avec le cerveau, la moëlle épinière.

5· Les passions et les organes.

6· L'intelligence et le cerveau (voir matérialisme)

7· Influence des organes sur l'instinct (les carnivores sont cruels).

8· L'habitude devient un pur automatisme.

9· Influence de l'état des organes sur la volonté.

10· Le langage et la parole (faculté de la parole localisée dans l'hémisphère gauche du cerveau ?)

11· Le cerveau et la pensée (localisation cérébrale).

12· Symbolique du corps humain (rapport des aptitudes, des traits du visage, de la structure du corps humain avec les facultés.

DLIX

Systèmes sur l'influence réciproque du physique et du moral. — I· Théorie des passions de Cabanis : Il a fixé le siège des affections et des passions dans les organes, principalement dans les viscères (la santé, la maladie lui fournissent de nombreux arguments à l'appui de sa thèse). Mais comment rapporter à un organe spécial des sentiments généraux comme la joie, la tristesse, le désir, etc

II· La pensée et le cerveau : les matérialistes localisent l'intelligence et la volonté dans le cerveau ; leur développement, leur activité, leur puissance, résultent du volume, de la forme, du poids, de la composition chimique, de la constitution anatomique, du fonctionnement du cerveau (voir matérialisme).

III· *Système de Gall.* Il rapporte au cerveau la vie psychologique, les affections, les passions, l'intelligence, la volonté. — · Il distingue les facultés *intellectuelles, affectives, instinctives ;* il localise chacune d'elles dans une partie spéciale du cerveau qui forme ainsi autant d'organes distincts. Chacune des facultés est en raison du développement de l'organe qui lui est affecté : toutes ne se rencontrent pas chez les mêmes individus. L'examen des protubérances du crâne plus ou moins considérables selon le développement de l'organe permet de reconnaître les facultés de chaque individu ainsi que leur degré. — Les facultés primitives comprenant un grand nombre de facultés auxiliaires, l'attention etc., la raison et la volonté ne sont plus des facultés spéciales, elles résultent de l'équilibre des facultés intellectuelles.

IV. Physiognomonie de Lavater. — C'est l'art de découvrir les facultés, les penchants et les passions par l'examen de l'extérieur et particulièrement du visage.

DLX

53ᵐᵉ LEÇON

Des états psychologiques tenant à l'union de l'âme et du corps. — Ils donnent lieu à de nombreuses et intéressantes recherches, mais aussi à des problèmes mystérieux.

DLXI

Le sommeil. — I⋅ Sa cause, c'est le repos qui est la loi de toute la nature active, végétale et animale ; IIᵒ sa nature.

(A) Sommeil physiologique : la vie physique ne subit aucune interruption, la digestion, la circulation, les fonctions de certains sens, tels que l'ouïe ne cessent pas absolument non plus ; (B) Sommeil phychologique : l'intelligence n'est pas suspendue, l'imagination, le rêve se donnent carrière. Mais il y a éclipse partielle de la volonté et diminution générale de l'activité.

DLXII

Lois du rêve d'après Dugald Stewart. — I⋅ Les circonstances qui diminuent ou suspendent les facultés mentales prédisposent au sommeil.

celles qui les accélèrent le retardent ; 2· la succession de nos pensées, suit la même loi d'association que dans la veille ; 3· cette succession est dominée presqu'exclusivement par cette loi.

DLXIII

Classification des rêves. — 1· Rêves affectifs (cauchemars) ; 2· rêves intuitifs ou visions ; 3· rêves intellectuels (rares) ; 4· rêves du somnambulisme.

DLXIV

La perception dans le rêve. — Il faut noter dans le rêve l'absence de la perception extérieure qui ne nous permet pas de contrôler les données de l'imagination par la réalité.

DLXV

Influence du rêve sur les idées du lendemain. — Cette influence doit exister quelquefois.

DLXVI

Somnambulisme. — C'est un rêve en action 1· différences du somnambulisme et du rêv ordinaire ; 2· Somnambulisme naturel, somnam bulisme artificiel ou hypnotisme.

DLXVII

Hallucination et illusion.— 1· Hallucination : c'est un état morbide de l'esprit qui donne une réalité objective à des sensations ; 2· illusion : si nous prêtons à ce nous voyons ou entendons réellement une forme et un sens imaginaire nous sommes dupes d'une illusion.

DLXVIII

La folie. — L'hallucination conduit souvent à la folie (idiotisme, monomanie, mélancolie, démence, folie raisonnante).

DLXIX

Union de l'âme et du corps. — Siège de l'âme. — (Voir métaphysique.)

DLXX

Psychologie comparée

Psychologie comparée, son objet. — I· Système : elle doit rester purement humaine.

II· Son objet sera la vie morale c'est-à-dire s'étendra jusqu'à l'extrême limite de la vie psychologique qui est aussi celle de la vie animale.

DDXXI

Son domaine. — Pour nous elle doit partir des confins de la vie végétale jusqu'au terme le plus avancé de la civilisation humaine.

DLXXII

Les problèmes de la psychologie comparée. — 1· Développement et variation normale des facultés ; 2· explication de l'inégalité intellectuelle et affective des espèces animales, des races humaines ; 3· anomalies, maladies intellectuelles et morales.

DLXXIII

Sources d'information. — Histoire ; — observation sociale ; expérimentation physiologique

DLXXIV

Méthodes. — I· Méthode synthétique : étudiant la vie psychologique dans l'ensemble de ses manifestations (sociétés, races, espèces).

II· Méthode analytique : ne portant que sur un point déterminé (maladies de la mémoire).

DLXXV

Psychologie animale, difficulté de la question. — 1· Nous sommes réduits à juger de l'intelligence des animaux seulement par leurs mouvements et leurs actes ; 2· on ne peut juger de l'intelligence de tous les animaux d'après une espèce bien douée.

DLXXVI

Analyse des facultés animales. — 1. Vie physiologique : rêves, infirmités, délire, hallucination, folie, dégenérescence sénile.

2· Facultés : perception sensible à un très haut degré (vue, odorat) ; mémoire, imagination inférieure, conscience spontanée de leurs actes et de leurs états ; langage émotionnel, concret.

3· Opérations : attention portant sur les choses du dehors, quelque pouvoir de comparaison ; association ou plutôt *consécution* mécanique d'idées.

4· Sentiments, désirs, opiniatreté, passsions.

5· Instincts et habitudes.

DLXXVII

Ce qui manque à l'animal. — 1· Absence de raison : il n'atteint pas l'universel, le nécessaire, — il n'est pas susceptible de vrai progrès, de moralité.

2· Absence de réflexion ou d'attention sur lui-même, de pensée véritable.

3· Absence d'abstraction et de généralisation, possibles seulement grâce à la parole.

4· Absence de raisonnement déductif, absence de raisonnement inductif proprement dit ; l'animal n'induit que du particulier au particulier.

5· Absence du langage véritable, abstrait.

6· Absence de liberté et de volonté (seules possibles par la raison).

DLXXVIII

Théorie de l'animal machine. — (Descartes, Malebranche). L'animal n'est qu'une machine bien organisée.

DEUXIÈME PARTIE

LOGIQUE

54ᵐᵉ LEÇON

1

Objet. — La logique a pour objet l'étude de la pensée soit en elle-même, soit dans ses rapports avec la vérité ; autrement dit elle étudie.

1· Les formes de la pensée (idées, jugements, raisonnements), 2· les moyens de connaissance, 3· la possibilité et la valeur de la connaissance humaine (voir métaphysique).

2

Délimitation de la logique et de la métaphysique. — Nous renverrons la troisième partie : (valeur de la connaissance humaine) à la métaphysique, comme étant sujette à discussion et nous ne laisserons à la logique que ce qui est hors de contestation.

3

Définition de la logique. — 1· Science des lois formelles de la pensée (Aristote, Kant, Hamilton).

2· Science pratique qui apprend à bien raisonner (Bossuet).

3· Art de penser ou de bien conduire son esprit dans la connaissance des choses, tant pour s'en instruire soi-même, que pour en instruire les autres (Port-Royal).

4· Science des opérations qui servent à l'estimation de la preuve (Stuart Mill).

5· Un corps de doctrines et de règles se rapportant à la vérité (Bain).

6· Science des lois de la pensée et des procédés à suivre pour découvrir ou démontrer le vrai

4

Division de la logique. — 1· Logique formelle, analytique ou subjective.

2· Logique, pratique, objective ou encore méthodologie.

5

Logique et métaphysique. — Rapports. — 1· La logique comme la métaphysique a pour objet ce que doit être la connaissance, non ce qu'elle est.

2· La théorie du raisonnement déductif et de la démonstration en logique est fondée sur le principe métaphysique de contradiction.

3· La logique s'appuie sur certains principes métaphysiques : (causalité, finalité, raison suffisante.

4· La logique spéculative a un caractère tout métaphysique.

6

Logique et psychologie. — 1 La psychologie étudie l'intelligence elle-même, la logique étudie la pensée, *produit de l'intelligence.*

2· La psychologie détermine quelles sont les facultés et les opérations de l'âme la logique explique l'acquisition de la connaissance. — Mais la logique suppose la psychologie surtout pour la théorie du raisonnement, la certitude, les erreurs et leurs causes, la méthode et les règles du syllogisme.

7

Méthode de la logique. — 1· Elle emprunte à la psychologie la connaissance des facultés et des opérations intellectuelles dont la pensée est le produit.

2· En déterminant elle-même les lois de la pensée elle emploie tour à tour la méthode inductive et la méthode déductive.

8

Importance et utilité de la logique. — 1· Importance : elle ressort de son objet et des questions importantes qu'elle traite.

2· Utilité : (A) elle donne de la netteté, de la précision; (B) avantages de la méthode; (C) parallélisme certifié par l'histoire entre le progrès des sciences et celui des méthodes (Bacon et la méthode expérimentale en physique); (D) ses rapports avec les autres sciences, auxquelles elle donne leur forme et leur méthode.

9

Objections contre l'utilité de la logique. — 1· Le bon sens suffit pour bien penser, 2· les préceptes et les règles ne peuvent rien sans la nature, 3· la logique peut être remplacée par les autres sciences surtout par les mathématiques, 4· l'étude de la logique peut être remplacée par l'exercice et l'imitation des modèles.

10

Ordre des questions de logique. — 1· Formes de la pensée (idées, jugements, raisonnements), 2· méthodologie, subdivisée en logique inductive et logique déductive.

11

Degrès d'assentiment de la connaissance. — Bien que renvoyant les problèmes de la vérité, de l'évidence, de la certitude et de la probabilité à la métaphysique, il est nécessaire de définir ici certains mots usités en logique :

I· Vrai : ce qui est. — Faux : ce qui n'est pas

II· Erreur : elle consiste à croire ce qui n'est pas.

III· Ignorer : ne pas savoir.

IV· Certitude : adhésion ferme et inébranlable à la vérité

V· Foi : état d'esprit consistant à croire sur le témoignage d'autrui.

VI· Opinion : elle consiste à juger sur les raisons probables.

VII· Probabilité : état intermédiaire entre la certitude et le doute.

VIII· Doute : suspension de jugement.

IX· Evidence : éclat de la vérité.

X· Science : connaissance certaine.

12

Degrés d'assentiment, d'après Kant. — 1· Opinion, 2· croyance, 3· science.

13

La logique est-elle une science ou un art ? — Question fort controversée. — Pour nous elle est l'un et l'autre, étant à la fois théorique et pratique.

14

Principes du raisonnement. — (Voir psych. chap. raison). Principes d'identité, de contradiction ou suivant Hamilton de non contradiction, de tiers exclu, on peut y ajouter le postulat d'Hamilton : « Il faut énoncer explicitement dans le langage tout ce qui est contenu implicitement dans la pensée (voir infra : quantification du prédicat,)

15

Principes métaphysiques. — De causalité, de raison suffisante. — Nous n'avons pas à nous en occuper spécialement dans la logique (voir psych. et métaphys.)

16

54ᵐᵉ LEÇON

Logique formelle

Des formes de la pensée ou actes de l'entendement. — 1· Concevoir, 2· juger, 3· raisonner.

17

Conception. — 1· C'est l'acte propre de l'intelligence produisant une idée qui n'a pas d'objet perceptible ou présent. On appose souvent le mot perception au mot conception.

2· Conception est encore pris dans le sens de simple appréhension.

18

Retour sur l'idée. — Classifications principales
au point de vue de : 1· l'objet (idées sensibles. psychologiques, métaphysiques, morales).

2· La qualité: (idées vraies ou fausses,claires ou
obscures.

3· La quantité: (i lées nécessaires ou universelles;
— contingentes subdivisées en générales individuelles, particulières).

4· Les anciennes logiques classaient les idées
en simples, complexes, composées, collectives.
Descartes les divise en adventices, factices, innées.

19

Les idées au point de vue de la connaissance.
— 1· Simples, 2· abstraites, 3· composées,4. complexes, 5· générales, 6· collectives.

20

Les universaux. — (Voir psychologie).

21

Les catégories d'Aristote. — 1· Substance,
2· quantité, 3· qualité, 4· relation, 5· action, 6·
passion, 7· lieu, 8· temps, 9· situation, 10· possession.

22

Sortes d'idées. — Idées vraies ou fausses,
parfaites, imparfaites, adéquates, inadéquates, —
claires, obscures.

23

Théorie des idées d'après Bossuet. — I· Définition : l'idée est ce qui représente la vérité de
l'objet entendu.

II· Conséquences : (A) il n'y a qu'une idée de
chaque objet. (B) mais un objet peut être consi
déré diversement, (D) divers objets peuvent être
entendus par une seule idée : l'universalité, (D)
toutes nos idées sont universelles et les unes plus
que les autres, (E) nos idées correspondent à des
types éternels, absolus.(F) l'essence des choses est
l'idée première et précise de chaque objet.

24

Extension et coi préhension des idées générales. — (voir psychologie).

25

Des termes. — Dans une proposition ce sont les mots qui en expriment les idées essentielles (sujet, attribut).

26

Division des termes d'après Bossuet — 1· Positifs et négatifs, 2 abstraits ou concrets, 3· complexes ou incomplexes, 4· universels divisés en généraux et collectifs, 5· particuliers et singuliers.

27

Extension et compréhension des termes. — Elles reposent sur la subordination, la coordination, la contradiction, l'équipollence, l'opposition, la contradiction, la ressemblance relative, la disjonction. La notion la plus générale de toute est celle de l'*être* ou de l'existence.

28

Différence des termes et des idées. — 1· Le terme est la parole qui signale l'idée, 2· L'idée précède le terme inventé pour la signifier, 3· l'idée est naturelle, le terme artificiel, 4· l'idée représente immédiatement les objets, les termes les représentent médiatement.

29

Lois des termes d'après Bossuet. — Elles sont au nombre de 10.

30

55ᵐᵉ LEÇON

Jugement et proposition

Jugement et proposition.— 1º Le second acte de l'entendement, la seconde forme de la pensée, c'est le jugement dont l'énoncé s'appelle proposition ; 2· rappel de la classification des jugements:

au point de vue de (A) *l'objet*, jugements d'existence, de qualité, (B) *quantité*, jugements nécessaires, universels, contingents (particuliers généraux, individuels), (C) *origine* : primitifs et secondaires.

31

Analyse de la proposition. — L'objet propre de la logique est d'étudier le jugement, mais il paraît plus commode d'étudier son expression : la proposition. 1° sujet, 2° attribut, 3° copule ou verbe voir grammaire générale).

32

Espèces de propositions. — 1° Simples, 2° incomplexes, 3° complexes, 4° composées, 5° universelles, particulières, singulières ; 6° affirmatives, négatives, dubitatives ; 7° vraies, fausses, conditionnelles.

33

Les propositions d'après Port Royal. —Outre les précédentes: copulatives, disjonctives, causales, relatives, discrétives, exclusives, exceptives, comparatives, inceptives, désitives, modales, problématiques, assertoriques apodictiques.

34

Classification des propositions. — 1° Universelles affirmatives (A), 2° universelles négatives (E), 3° particulières affirmatives (I), 4° particulières négatives (O).

Asserit A, negat E, verum generaliter ambo.
Asserit I, negat O, sed particulariter ambo.

    1° les premières A et E sont dites contraires.
    2° A et O, E et I sont dites contradictoires.
    3° I et O sont dites subcontraires.
    4° A et I, E et O, sont dites subalternes.

35

Conversion des propositions. — Elle consiste à transposer les termes, c'est-à-dire à faire du sujet l'attribut et réciproquement : 1° conversion simple qui consiste à prendre l'attribut pour le sujet sans aucun changement, elle s'applique à l'universelle négative et à la particulière affirmative ; 2· conversion par accident qui consiste à changer l'universelle affirmative en particulière affirmative en ajoutant à l'attribut pris pour sujet le mot « quelque ».

36

Utilité de la conversion.— 1· Elle sert pour le syllogisme, 2· la conversion mal faite est une source de sophismes.

37

Formes des propositions d'après Kant. — I· Quantité : (universelles, particulières, individuelles), 2· qualité : (affirmatives, négatives, limitatives), 3· relation : (catégoriques, hypothétiques, disjonctives), 4· modalité : (démonstratives, assertoriques, problématiques).

38

Quantification du prédicat (Hamilton). — 1· Le prédicat ou attribut est pensé par l'esprit avec une certaine quantité ou extension aussi bien que le sujet.

2· (Voir n° 14, postulat de Hamilton).

3· Conséquences tirées par Hamilton : (A) dans les propositions affirmatives il y en a dont l'attribut n'est pas particulier, (B) parmi les propositions négatives il y en a où l'attribut est particulier ; d'où les propositions toto-totales — parti-totales — toto-partielles — parti-partielles.

4· Objection de Stuart Mill : l'attribut est pensé en *compréhension*, non en extension.

39

Contraposition des propositions. — La contraposition ou conversion négative est celle qui a lieu lorsque la proposition affirmative est convertie en négative.

40

56ᵐᵉ LEÇON

Définition

Définition. — Définir (de-finire), étymologiquement c'est délimiter, circonscrire. On peut dire que la définition est une proposition réciproque exprimant l'essence du sujet.

41

Sortes de définitions. — 1· La définition de mots, 2· la définition de choses.

Cette distinction n'est pas admise de tous (1).

42

Définition de mots — 1· Régles : claire — précise — courte.

2· Caractères : (A) arbitraire ou libre (?), (B) elle peut servir de principe. Ces caractères sont contestés.

43

Conseils pour la définition de mots. — 1· Se conformer autant que possible à l'usage; 2· ne pas définir tous les mots.

44

Définition de choses. — Elle a pour but de faire connaître exactement et profondément, mais brièvement la *nature* des choses.

45

Principales sortes. — 1· Définition logique par le genre prochain et la différence spécifique, 2· par les propriétés essentielles, 3· par analyse, 4· par la cause génératrice, 5· par la fin, 6· par description, 7· définition causale ou génétique, 8· définition inductive et déductive, 9· par les contraires, 10· par synonymie, 11· par des exemples.

---

(1) Voir Duval — Jouve. Logique.

46

Définitions géométriques et définitions empiriques. — 1· Définitions géométriques : définitions s'appliquant à des constructions mentales dont la possibilité théorique est incontestable et ayant des figures idéalement possibles, mais n'étant et ne pouvant être réalisés qu'approximativement. — Leurs caractères : claires, nécessaires, absolues, pouvant servir de point de départ au raisonnement.

2· Définitions empiriques : définitions propres aux sciences physiques et naturelles : elles sont contingentes, provisionnelles (1).

47

Règles de la définition. — Courte, claire, réciproque, adéquate.

48

Conseils pour les définitions de choses. — Éviter les définitions trop longues, surabondantes, par tautologie ; les définitions: « obscurum perobscurius », par le cercle, par métaphore, par négation.

49

Diverses questions sur les définitions. — 1· Certains logiciens proposent de distinguer les définitions de choses réelles, des définitions d'idées (beau).

2· Place des définitions : au début de la science sont les définitions de mots ; au terme de la science sont les définitions de choses.

50

Portée des définitions. — Elles ne valent que ce que valent nos analyses, nos classifications dont elles sont le résumé.

2· Les deux extrêmes de la classification (individualité et universalité) échappent à la définition.

---

(1) Liard : Définitions géométriques et éfinitions empiriques Paris, Ladrange, 1874.

6

51

Utilité de la définition. — 1· Elle prévient l'abus des mots, les vaines disputes, 2· utilité pour les mathématiques, 3· utilité pour les sciences expérimentales, 4· la définition se ramène à l'analyse et à la synthèse.

52

57ᵐᵉ LEÇON

Deduction et syllogisme

Déduction. — Déduire c'est tirer d'une proposition plus générale une proposition qui l'est moins (voir psychologie). La déduction est le raisonnement dans ce qu'il a de plus essentiel et de plus concluant. — Elle conclut du général au particulier.

53

Procédé déductif. — Il sert : I· pour déduire d'un principe posé, ce qui a lieu : (A) par simple transposition des termes, par conversion simple, par conversion, par accident, par contraposition ; (B) par transformation simultanée des deux termes ; (C) par substitution de termes égaux ou équivalents, (D) par analyse des termes donnés.

II· Pour l'application d'un principe.

54

Fondement et essence de la déduction — I· Fondement : c'est le principe de contradiction.

II· Essence : elle ne demande rien à l'expérience ; tout en elle dérive de la réflexion.

55

Principes de la déduction. — I· Principes réels servant de base au raisonnement ; 2· axiomes mathématiques et logiques ou axiomes de raison analytique.

56

Valeur de la déduction. — Elle est indépendante de la vérité ou de l'erreur renfermée dans le principe.

57

Règles. — N'affirmer rien dans la conclusion qui ne résulte pas de principes posés.

58

Usage du procédé déductif. — 1· Dans l'ordre abstrait, 2· dans l'ordre réel. La forme extérieure de la déduction est le syllogisme.

59

Définition, base et but du syllogisme. — 1· Définition : un enchaînement de trois propositions liées entre elles, de telle sorte que les deux premières étant posées, la troisième en résulte nécessairement.

2· Base : cet axiome : que deux idées convenant à une troisième idée se conviennent entre elles.

3· But : la convenance des termes d'une proposition n'étant pas évidente, la rendre telle à l'aide d'un terme intermédiaire.

60

Analyse du syllogisme. — 1· Trois termes : grand terme, moyen terme, petit terme : 2· comparaison du moyen terme avec les autres ; 3· les prémisses (la majeure, la mineure) et la conclusion.

61

Règles. — Huit d'après la scolastique, six d'après Port-Royal, quatre d'après Euler.

Vers latins de Pierre d'Espagne :

1° Terminus esto triplex : medius, majorque minorque
2° Nequaquam capiat medium conclusio fas est
3° Aut semel aut iterum medius generaliter esto
4° Latius hunc quam præmissæ conclusio non vult
5° Utraque si præmissa neget, nil inde sequetur
6° Ambæ affirmantes nequeunt generare negantem
7° Nil sequitur geminis e particularibus unquam
8° Pejorem sequitur semper conclusio partem.

62

Régles simplifiées. — I° Règle de Port-Royal : l'une des propositions doit contenir la conclusion et l'autre faire voir qu'elle la contient.

II° Règle d'Euler : tout ce qui est dans le contenu est dans le contenant (c'est le dictum de omni et nullo des anciens) : ce qui est vrai ou faux du tout l'est de chacune des parties.

III° Règle des modernes : nul terme ne doit être pris d'une manière plus générale dans la conclusion que dans les prémisses.

2° Le moyen terme doit être pris au moins une fois universellement.

IV° Conseils à ajouter aux règles des modernes : bien préciser le sens des termes dans chaque proposition ; examiner si les termes conservent la même valeur en passant d'une proposition dans une autre.

63

Modes. — Ce sont les formes qu'affecte le syllogisme selon la *nature* des propositions, considérées dans leur quantité ou leur qualité, c'est-à-dire universelles ou particulières, affirmatives ou négatives : A E I O.

On peut combiner de 64 manières différentes quatre termes pris trois à trois ; d'où 64 modes résultant du caractère affirmatif ou négatif, général ou particulier. Mais on ne compte ordinairement que 10 modes concluants.

4 Affirmatifs : AAA, AAI, AII, IAI.

6 Négatifs : EAE, AEE, EAO, AOO, OAO, EIO.

Quelques-uns en comptent 12, quelques-uns 108, soit 12 affirmatifs et 24 négatifs en chaque figure (Hamilton).

64

Figures. — La figure est déterminée par la place qu'occupe le *moyen terme* dans les prémisses et comme le moyen terme ne peut occuper que 4 positions, comme sujet ou comme attribut dans la majeure ou dans la mineure, il n'y a que 4 figures : sub veut dire sujet (subjectum) ; prœ veut dire attribut (prœdicatum.)

Sub prœ, tum prœ prœ, tum sub sub, denique, prœ sub.

65

Figures et modes. — I· Chaque figure étant susceptible de 64 modes, il semblerait résulter de là qu'il y a 256 variétés de syllogismes.

II· Vers indiquant les modes dans chaque figure : (1).

1· BArbArA, cElArEnt, dArII, fErIO data primœ.
2· Cesare, camestres, festino, baroco secundœ.
3· Tertia grande sonans recital : da rapti felapton
4° Adjungens, disamis, datisi, bocardo, ferison.

Ceux qui n'admettent pas la 4ᵐ figure disent :

Barbara, celarent, Darii, ferio, baralipton
Celantes dabitis fapesmo frisesom orum, etc.

Ceux qui admettent la 4ᵐᵉ figure disent :

4· Barbari, calentes, dibatis, fespamo, frisesom.

66

Syllogismes irréguliers. — 1 L'enthymème, 2· l'épicherème (j'étends), 3· prosyllogisme ou polysyllogisme, 4· sorite, 5· dilemne. 6· argument ad hominem, 7· argument a fortiori, 8· argument par l'absurde.

67

Fondement du syllogisme. — 1 Dictum de omni et nullo, 2· nota notœ est nota rei ipsius, etc., 3· tres unum sint.

68

Sortes de syllogismes. — Outre les syllogismes catégoriques dont nous avons parlé on distingue : 1· syllogismes comparatifs, hypothétiques, disjonctifs ; 2· syllogismes complexes, 3· conséquences asyllogistiques, 4· conclusions immédiates.

69

Inconvénients du syllogisme. — La forme syllogistique : 1· est sèche, monotone et conduit à la routine, 2· est trop compliquée,

(1) Nous croyons inutile de continuer à transcrire . CEsArE· etc.

3· corrompt la langue philosophique par des termes techniques, 4· substitue l'étude des mots à celle des choses, 5· dans la science même elle embarrasse le raisonnement de propositions inutiles.

70

Avantages du syllogisme. — La forme syllogistique : 1· rend l'esprit, ferme, exact, rigoureux ; 2· prévient les erreurs, les discussions oiseuses ; 3· a contribué à rendre notre langue précise, claire a eo ses constructions analytiques ; 4· peut-être utile aux sciences mathématiques, 5· a son rôle pratique, dans certains cas, comme en droit.

71

Théorie d'Euler. — Tout l'art consiste ici à trouver le moyen terme : contenant par rapport au mineur ; contenu par rapport au majeur ; par exemple que la notion A renferme tous les arbres, la notion B tout ce qui a des racines, la notion C tous les cerisiers, le syllogisme sera :

Tout arbre a des racines.	Tout A est B
Or le cerisier est un arbre.	Or tout C est A.
Donc le cerisier a des racines	Donc tout C est B.

72

Objection de Stuart-Mill. — La forme syllogistique renferme une pétition de principe.

73

58ᵐᵉ LEÇON

Méthode

Méthode. — Étymologiquement signifie route vers : route à suivre pour arriver à un but. — Méthode est synonyme d'ordre ; mais au point de vue qui nous occupe spécialement, nous définirons la méthode : l'ensemble des règles à suivre ou des moyens à employer pour découvrir la vérité quand on l'ignore, ou la démontrer quand on la possède

74

Importance de la méthode. — 1· Pour tout travail de l'esprit, 2· surtout pour les sciences, 3· en philosophie. 4· nous avons en sa faveur les plus grands noms : Bacon, Descartes, Malebranche, Pascal.

75

Méthodes rationnelle et expérimentale. — 1· Rationnelle : Elle prend son point de départ dans les données premières de la raison et les développe par le raisonnement (voir méthode des sciences exactes).

2· Expérimentale : elle prend son point de départ dans les données de l'expérience et les développe (voir méthode des sciences physiques).

3· Union des deux méthodes.

76

Autres méthodes. — 1· L'empirisme, 2· l'idéalisme (Epicure, Pythagore, Platon, Descartes, la Scholastique, Hégel), 0 méthode d'autorité, 4· méthode éclectique.

77

Méthode générale. — Il y a sans doute des règles particulières pour certaines recherches, mais il est aussi une méthode générale.

Ses règles : I· Descartes : 1· ne recevoir pour vrai que ce qui est évident, 2· diviser la difficulté, 3· conduire ses pensées par ordre, 4· faire des dénombrements complets.

II· Autres formules : 1· le doute méthodique, 2· la grande méthode c'est l'analyse (Bacon, Galilée, Descartes), 3· aller du connu à l'inconnu.

78

59ᵐᵉ LEÇON

Analyse et synthèse

Analyse et synthèse. — L'analyse est la décomposition d'un tout en ses parties, 2· la synthèse réunit tout ce que l'analyse a séparé.

L'une va du composé au simple, du particulier au général. — L'autre va du simple au composé du général au particulier.

79

Distinction des deux méthodes. — 1· Elles supposent dans les hommes qui les représentent des qualités diverses qui s'excluent ordinairement, 2· il y a des époques analytiques et des époques synthétiques.

80

Leurs rapports — 1· Les deux méthodes doivent se réunir pour former la méthode complète. Que serait l'analyse sans la synthèse et réciproquement! 2· Condillac rejette la synthèse.

81

Sens divers du mot « analyse ». — 1. Sens ordinaire du mot : décomposition ; 2· sens plus rare de regression (méthode des géomètres) 3· sens de résolution pour les recherches, 4· analyse en psychologie, 5· analyse en grammaire, en littérature.

82

Analyse de régression. — Elle remonte de la conséquence au principe, de l'effet à la cause, des phénomènes à la loi, en général du conditionné à la condition, de l'inconnu au connu.

83

Analyse et synthèse dans la démonstration — 1· Démontrer synthétiquement c'est partir

d'une ou plusieurs propositions évidentes ou démontrées et en déduire comme conséquences la
proposition à démontrer.

II· Démontrer analytiquement, c'est partir de la
proposition à démontrer et la rattacher à une proposition évidente ou déjà démontrée.

84

Analyse de recherche. — (Solution des problèmes). Pour résoudre analytiquement un problème il faut d'abord le supposer résolu, la solution
supposée devient alors un point de départ pour le
calcul, pour le raisonnement. La solution obtenue
peut être ensuite démontrée synthétiquement,
comme en géométrie, en descendant des théorèmes
dont elle résulte jusqu'à elle.

85

Variétés de l'analyse. — l· Mentale, 2· réelle.

86

Domaine de l'analyse. — I· Elle porte : 1· sur
les propriétés d'un ensemble, 2· sur les parties
intégrantes d'un composé, 3· sur les quantités, les
poids, les grandeurs (analyse quantitative). 4· sur
les qualités, 5· sur les propriétés.

II· Pour les faits : elle porte sur les circonstances diverses qui y concourent, leurs causes,
leurs lois.

87

**Analyse et synthèse dans les opérations de
l'esprit.** — l· Débuts synthétiques de la connaissance; 2· nécessité de l'analyse pour l'attention, la généralisation, la comparaison, le
jugement, le raisonnement, le langage.

88

Règles de l'analyse. — l· Elle doit toujours
précéder la synthèse, 2· elle doit être complète,
3· elle doit chercher à pénétrer jusqu'aux éléments
simples.

89

Règles de la synthèse. — 1 Réunir tous les
matériaux donnés par l'analyse, 2· reproduire les
rapports des objets tels qu'ils existent.

90

Choix de l'analyse et de la synthèse. — Comme méthode d'enseignement, la synthèse est préférable. Pour la recherche de la vérité, la solution d'un problème, il y a tout avantage à employer l'analyse.

91

L'analyse et Port-Royal — Port-Royal oppose l'analyse méthode de découverte à la synthèse méthode d'enseignement. Mais il s'explique en termes assez obscurs sur l'analyse.

92

L'induction et la déduction, l'analyse et la synthèse. — Les procédés d'induction et de déduction peuvent être qualifiés d'analyse et de synthèse.

93

60ᵐᵉ LEÇON

Méthode expérimentale, inductive ou d'observation

Sciences physiques et naturelles. — 1· Sciences physiques : elles ont pour objet les phénomènes de la nature, pour but d'en déterminer les lois ou les causes prochaines (physique, chimie, physiologie, astronomie).

2· Sciences naturelles : elles ont pour objet les corps et pour but de les décrire et de les classer (minéralogie, botanique, zoologie, géologie, paléontologie, ethnologie, sciences médicales).

La méthode de ces sciences est l'expérimentation, l'observation et plus particulièrement l'analogie, l'hypothèse, l'induction.

94

Méthode expérimentale. — Elle s'appelle encore méthode inductive ou d'observation du nom d'un des procédés de la méthode. Elle comprend :

L'observation, procédé initial de la méthode; l'expérimentation qui en est le côté actif; l'analogie qui l'étend; l'hypothèse qui la devance; l'induction qui la féconde ; la classification qui recueille les résultats; parfois la déduction qui fait sortir les conclusions renfermées dans la loi.

Il ne faut pas confondre la méthode expérimentale avec l'empirisme qui n'admet qu'elle.

95

Observation. — Observer c'est considérer attentivement un objet, ou un fait pour le connaître. — L'observation sert encore dans la vie pratique.

96

Moyens d'observation. — 1· Nos sens, 2· les instruments.

97

Règles pour l'observateur. — Il faut certaines qualités intellectuelles et morales : attention, bon sens, pénétration, exactitude, patience, impartialité.

98

Règles de l'observation. — Elle doit être : 1· détaillée, 2· complète, 3· méthod'que.

99

Insuffisance de l'observation. — I· Certains phénomènes sont trop rapides pour être observés; 2· ils sont souvent compliqués par l'intervention de circonstances étrangères, 3· beaucoup de phénomènes échappent à l'observation, 4· la nature ne nous livre guère que des résultats non des causes.

100

Division des faits d'observation d'après Bacon. — Faits éclatants, clandestins, collectifs, cruciaux, fugitifs, limitrophes, solitaires, extensifs, etc.

101

Expérimentation. — 1· C'est l'observation avec l'intervention de l'observateur.

II· Son utilité : 1· elle ralentit les phénomènes, 2· elle neutralise les influences étrangères, 3· elle isole ce que la nature confond, 4· elle scrute les forces les plus cachées.

102

L'hypothèse dans l'expérimentation. — Pour faire une expérience, dit Claude Bernard, il faut avoir une idée préconçue.

103

Moments de l'expérimentation d'après Claude Bernard. — 1· L'expérimentateur constate un fait, 2· à propos de ce fait nait une idée, 3· en vue de cette idée on institue une expériences 4· de cette expérience résultent de nouveaux phénomènes qu'on observe.

104

Règles de Bacon. — Etendre les expériences, les varier, les compulser, les renverser, les transporter.

105

Emploi de l'expérimentation et de l'observation. — L'observation suffit en général pour l'étude des corps ; l'expérimentation est indispensable pour l'étude des phénomènes.

106

Sciences d'observation et d'expérimentation — 1· Sciences d'observation : astronomie, météorologie, histoire naturelle, zoologie, botanique, minéralogie, anatomie.

2· Sciences d'expérimentation : chimie, physique hysiologie.

107

Hypothèse. — C'est une supposition faite en vue d'expliquer un fait dont la cause est inconnue.

108

Ses dangers. — Reçue à titre définitif, elle tend 1· à fausser l'observation par la prévention, 2· à immobiliser la science, 3· elle favorise la paresse· 4· elle tend à donner une explication bizarre des faits.

109

Son utilité. — Reçue à titre *provisoire* : 1· elle
contribue au progrès de la science, 2· elle peut
dès l'abord rencontrer la vérité.

110

Ses règles. — 1· N'admettre comme hypothèse
que des faits probables ou possibles ; 2· elle doit
être féconde, simple, n'être contredite par aucun
fait, 3· elle doit être contrôlée, 4· elle doit être
provisoire.

111

61ᵐᵉ LEÇON

Division et classification

Division. —· La division est la distribution d'un
tout en ses parties. — La division du *totum* n'est
que l'analyse, celle de l'*omne* se confond avec la
classification.

112

Règles de la division — Elle doit être : 1· entière, 2· distincte, 3· graduée, 4· limitée.

113

Classification. — Classer c'est ranger les objets dans un ordre méthodique.

114

Types de classifications. — 1· Ordre successif :
2· groupes juxtaposés, 3· la vraie classification.

115

Degrès de la vraie classification. - 1· Espèce,
2· genre, 3· famille, 4· ordre, 5· classe, 6· embran-
chement, 7· règne.

116

Procédés de classification. — 1· Classifications synthétique et analytique.

II· Classifications artificielle et naturelle.

III· Classifications empirique et usuelle.

117

Utilité de la classification pour les sciences naturelles. — Elle y est indispensable à cause de la multiplicité des objets.

118

Classifications artificielles. — Elles rapprochent les objets d'après un ou plusieurs caractères choisis arbitrairement.

I· Avantages : 1· elle est seule possible au début, 2· elle est plus simple que la classification naturelle, 3· elle est aisée à retenir, 4· elle est indispensable à la pratique de certains arts.

II· *Règles* : en général il faut s'attacher à des caractères aussi importants que possibles, faciles à reconnaître, stables.

III· *Inconvénients* : 1· les groupes sont formés arbitrairement d'objets qui peuvent différer infiniment plus qu'ils ne se ressemblent, 2· elle classe les êtres morts, 3· elle sacrifie les caractères empruntés à la situation géographique.

119

Classifications naturelles. — I· Elles rapprochent les objets d'après l'ensemble des caractères et en tenant compte de leur importance relative.

II· Règles : 1· tenir compte des caractères et de leur importance, 2· rapprocher les groupes qui se ressemblent le plus, 3· les ranger d'après leur perfection croissante.

120

Principes fondamentaux des classifications naturelles. — Elles reposent : sur la comparaison générale, 2· sur la subordination des caractères, 3· sur la coordination entre les espèces (classifications parallèles).

121

Difficultés de la classification naturelle. — Ces règles sont difficiles à suivre à cause de la multiplicité des caractères.

122

Avantages de la classification naturelle. — 1· Elle substitue un petit nombre d'idées générales à la quantité d'idées particulières que la mémoire ne pourrait conserver.

2· Elle établit une subordination telle que du nom d'un être il est facile de conclure tous ses caractères génériques.

3· Elle essaie de reproduire l'ordre même de la nature.

123

Historique de la classification. — Tournefort Linné, les Jussieu, Cuvier.

124

Rapports de la généralisation et de la classification. — La classification suppose évidemment la généralisation. Mais la classification a pour but de déterminer en genres et en espèces, par une méthode scientifique, les idées générales.

125

Méthode pour déterminer scientifiquement les genres et les espèces. — 1· La méthode parfaite dépendrait de l'observation complète des procédés employés dans les sciences physiques et naturelles, mathématiques.

2· Dans les sciences mathématiques, la détermination en genres et en espèces est facile, rigoureuse (polygone et quadrilatère).

3· Dans les sciences physiques et naturelles l'erreur est plus facile : nécessité de tables d'expérience, de l'expérimentation, de l'observation, des procédés de classification, etc.

126

Des systèmes. — 1· Définition : assemblage de parties coordonnées et dépendant les unes des autres.

II· Systèmes dans le monde physique (organisation des végétaux et animaux, système planétaire). — Systèmes dans le monde moral (théorie des facultés).

III· Formation : 1· analyse pour diviser les éléments à étudier, 2· synthèse, 3· connaissance des lois, des causes ; 4· nécessité do rattacher les faits à certains principes, 4 classification, nomenclature (dans les sciences naturelles) ; 5· le système ou doctrine est formé, 6· dangers de l'esprit systématique.

127

62ᵐᵉ LEÇON

Analogie

Définition. — Analogie signifie proprement ressemblance, raisonner par analogie, c'est raisonner d'après des ressemblances.

128

Sortes de raisonnement par analogie. — Elle peut conclure : 1· de la ressemblance des effets à l'identité des causes, 2· d'une ressemblance extérieure à une conformité de nature, 3· de la ressemblance des moyens à celle des fins et réciproquement.

129

Sortes d'analogie. — 1· Analogie spontanée, 2· analogie réfléchie.

130

Utilité de l'analogie. — 1· Elle abrège le travail de la science, 2· elle supplée à des recherches impossibles, 3· elle donne parfois des conclusions équivalant presque à l'évidence, 4· elle est surtout utile pour les sciences, elle est l'âme des recherches scientifiques.

131

Fondement — L'unité de plan dans la création.

132

Règles. — 1· Ne l'établir qu'entre des objets de même genre, 2· l'employer avec prudence, 3· contrôler ses conclusions par l'observation.

133

Dangers. — 1· Chez l'enfant, 2· dans les sciences, 3 dans les lettres (source de la métaphore).

134

Historique. — L'analogie fut appliquée à toutes les époques, principalement par Galilée, Newton, Volta, Lavoisier, Linné, Cuvier, Geoffroy Saint-Hilaire.

135

63ᵐᵉ LEÇON

Induction

Définition. — Induction (inducit) signifie littéralement : extension des connaissances acquises à des cas nouveaux. C'est le procédé qui érige en loi les vérités tirées de l'expérience.

136

Définition de la loi. — Les lois sont des propositions générales, énonçant les conditions définies qui déterminent invariablement la production des phénomènes. Ou encore : la loi, c'est l'ordre constant et général selon lequel les faits s'accomplissent.

137

Principe et problème de l'induction. — I· L'induction conclut du présent au passé et à l'avenir, de quelques points de l'espace à tous ; de quelques faits à tous les faits de même nature. De quel droit passons-nous de quelques à tous ? tel est le problème.

II· Principe : 1· le fondement de l'induction est l'habitude et l'association des idées (Hume) ; 2· l'induction repose sur un calcul de probabilités fondé sur la répétition des cas semblables (Laplace) ; 3· le fondement est le principe de causalité (Rémusat); 4· l'induction repose sur le principe de causalité, et surtout de finalité (Ravaison, Lachelier); 5· sur la stabilité et la généralité des lois de la nature (R. Collard et les Ecossais); 6· sur la coïncidence constante (Gérando, M. Janet); 7· sur la nécessité de l'ordre et l'exclusion du hasard. 8· syllogisme inductif d'Aristote.

138

Induction et analogie. — Elles se ressemblent évidemment, mais elles diffèrent : 1 l'induction conclut des parties au tout, l'analogie d'un individu à un autre.

2· Les cas sur lesquels opère l'induction sont de même nature, les cas que rapproche l'analogie ne présentent qu'une ressemblance partielle.

3· L'induction opère sur des cas presque identiques, l'analogie opère sur des cas semblables.

4· Elles diffèrent par leur principe : pour l'induction, c'est la stabilité des lois de la nature ; pour l'analogie c'est l'uniformité de plan dans la création.

139

Sortes d'induction. — 1· Induction empirique — analytique. 2· Induction vulgaire — logique. 3· Induction complète — incomplète.

140

Méthodes d'induction d'après Stuart-Mill. — 1· Méthode de concordance : tabulæ prœsentiæ ; 2· méthode de différence : tabulæ absentiæ; 3· méthode des variations concomitantes : graduum ou comparationis ; 4· méthode des résidus

141

Règles. — (voir 145, règles de Bacon) : en outre : 1· posita causâ, ponitur effectus, 2· sublata causâ tollitur effectus, 3· variante causâ, variatur effectus.

142

Utilité. — 1· Elle : dépasse les données de l'observation, 2· fixe les lois qui régissent la nature, 3· est indispensable dans la pratique.

143

L'induction dans les sciences de la nature. — Elle y est indispensable, parceque les données de l'expérience sont particulières, et qu'il n'y a pas de science du particulier.

144

Formes dans les sciences de la nature. — 1· Simple extension dans le temps et dans l'espace des données de l'expérience actuelle, 2· extension des données de l'expérience à des cas nouveaux supposés semblables, 3· détermination de lois spéciales à tels faits.

145

L'induction et la raison. — L'induction scientifique fait appel à la raison par : 1· le fondement sur lequel elle s'appuie, 2· les principes rationnels qui la dirigent (loi, finalité, causalité) ; 3· les données mathématiques, géométriques, mécaniques auxquelles elle se relie.

146

Historique. — 1· Aristote.
II· Bacon : sa méthode : elle prescrit 1· des expériences multipliées et variées, 2 de grouper les faits semblables pour chercher une explication commune, 3· de s'attacher aux lois et causes prochaines (causes efficiente et finale), 4· de s'élever graduellement et lentement à des lois plus générales. — Avantages et défauts de cette méthode

147

Induction et déduction. — Elles diffèrent : 1· par leur domaine, 2· par la rigueur de leurs conclusions, 3· par leur fondement, 4· par leur degré d'abstraction, 5· la déduction est la méthode des mathématiques ; l'induction celle des sciences physiques, naturelles, psychologiques, physiologiques.

148

Leurs ressemblances. — 1· Elles concourent au même but : découverte de la vérité ; 2· elles sont des opérations de la même raison, soumises à ses lois ; 3· passage facile de l'une à l'autre, 4· par leur fondement métaphysique, elles sont des applications du même principe, 5· l'induction, c'est la déduction (?), a dit un philosophe.

149

Induction et syllogisme. — Il y a un rapport étroit entre les deux : Hamilton ramène l'induction au syllogisme dont la proposition générale serait une énumération complète des faits. Sans aller aussi loin il est facile de voir qu'un même fait peut être prouvé tout à la fois par l'induction et le syllogisme.

150

Définitions empiriques ou inductives. — (voir définition).

151

La cause et la loi, leur origine. — 1· Origine de l'idée de cause (voir psychologie) ; 2· origine des lois, grâce à l'induction, déduction, intuition (lois morales).

152

Détermination des lois. — 1· Dans le monde physique (tables de présence, d'absence) : induction ; 2· lois mathématiques : fruit de la déduction ; 3· lois métaphysiques : conditions universelles de l'existence ; 4· lois morales : fruit de l'intuition ; 5· lois positives : expression des lois naturelles, non écrites.

153

64ᵉ LEÇON

Logique déductive

Logique déductive. — (Voir déduction).

154

Sciences mathématiques. — Elles ont pour objet la quantité ; pour but, la mesure des grandeurs. Ce sont les sciences par excellence.

155

Leurs caractères. — 1· Abstraites, 2· exactes.

156

Leur division. — Elles étudient la quantité à trois points de vue principaux : 1· par rapport au nombre ou à la quantité pure : arithmétique, algèbre, calcul infinitésimal...

2· Par rapport à l'étendue, c'est-à-dire à la forme et à la position : géométrie élémentaire, descriptive.

3· Par rapport au mouvement : mécanique.

157

Caractères des vérités mathématiques. — 1· Exactitude et nécessité absolue ; 2· elles ont cependant une valeur hypothétique.

158

Méthode des mathématiques. — C'est... la déduction s'appuyant sur les axiomes, les définitions, la démonstration, l'analyse, la synthèse et même l'expérience.

159

Définitions rationnelles. — (Voir définition).

160

Les définitions en mathématiques. — Sont-elles les véritables principes du raisonnement mathématique ? Ou sont-ce les axiomes ?

161

Axiomes. — (Vérités dignes de foi). 1· Un axiome c'est une vérité évidente d'elle-même qui ne peut être prouvée par d'autres, mais dont on a besoin pour en prouver d'autres.

2· Axiomes dans les sciences. En un sens, toutes les sciences ont leurs axiomes et supposent quelque vérité incontestable : (comme la causalité en physique ;) mais ils appartiennent spécialement aux mathématiques.

162

Caractères des axiomes. — Evidence, nécessité, universalité etc.

163

Origine des axiomes. — 1· Les axiomes sont rationnels (voir no.ions 1″); 2· ils sont le fruit de l'induction (Stuart-Mill, Hershell).

164

Règles des axiomes. — 1· N'admettre pour axiomes que des vérités évidentes d'elles-mêmes, 2· ne pas les multiplier sans nécessité.

165

Postulats.— Propositions tellement simples que l'esprit aurait besoin de se faire violence pour les contester.

166

Déduction. — (Voir suprà).

167

Analyse et synthèse. — (Voir suprà).

168

Démonstration. — ... Démontrer, c'est prouver à l'aide de principes évidents d'eux-mêmes une proposition qui en dérive. La démonstration est la forme la plus élevée de la déduction ; mais on peut dire qu'elle en diffère en ce que : 1· on déduit le faux comme le vrai ; on ne démontre que le vrai. 2· On peut parfaitement déduire le vrai du faux, mais on ne démontre le vrai qu'à l'aide du vrai.

169

Caractères des vérités démontrées. — Elles participent de la nécessité absolue de leur principe.

170

Sortes de démonstration. — 1· Directe ou ostensive, et indirecte ou réduction à l'absurde ; 2· ascendante ou analytique, descendante ou synthétique ; l'une pour la recherche des problèmes, l'autre pour l'enseignement 3· démonstration a priori, — a posteriori.

171

Régles de la démonstration ascendante et descendante. — 1· Ascendante : rattacher ce que l'on veut prouver à un principe évident par. lui-même ou par démonstration.

II· Descendante : 1· ne s'appuyer que sur des définitions, des axiômes ou des vérités démontrées — 2 ne tirer des principes que les conséquences qui s'y trouvent contenues.

172

Démonstraton mathématique. — Les mathématiques sont les sciences démonstratives par excellence, elles doivent ce privilège à leur but, à la nature des données sur lesquelles elles opèrent (notions abstraites, simples.)

173

Démonstration en dehors des mathématiques. — Partout ailleurs, ce n'est plus la quantité pure, le nombre, qui est en question : c'est l'existence, la qualité ou la nature des choses (droit, politique, morale).

174

Valeur des sciences démonstratives. — Elles sont supérieures à celles qui ont pour objet le contingent, et partant qui sont sujettes à l'erreur.

175

Objet de la démonstration géométrique. — Dans la démonstration géométrique, l'esprit a-t-il en vue la figure tracée ou bien une construction idéale ? D. Stewart pense qu'elle porte directement sur la figure tracée, qu'elle est particulière, mais qu'elle est ensuite généralisée.

176

L'identité dans le raisonnement. — 1· Condillac pense que le jugement n'est qu'une équation d'où cette pensée : que tout jugement énonçant une identité partielle ou totale, le raisonnement n'est qu'une série d'identités.

2· Hobbes, considérant la proposition comme formée de termes synonymes, avait assimilé le raisonnement à un calcul, addition ou soustraction.— Il nous semble qu'il n'y a identité que dans les définitions et en partie dans les axiômes. Pour les genres et les espèces, il y a identité en ce sens que l'espèce fait partie du genre ; mais il ne s'en suit pas qu'il y ait identité entre les objets compris dans le genre et l'espèce. Pour le raisonnement D. Stewart nie que le raisonnement déductif soit d'identité ; Leibnitz et Condillac pensent que l'identité est le fond du raisonnement déductif.

177

Evidence mathématique. — (Voir certitude). Cette évidence résulte-t-elle de l'identité des termes comme nous l'avons vu plus haut, ou repose-t-elle seulement sur la construction des concepts, comme le veut Kant ?

178

Conseils aux géomètres : 1· Ne pas prouver ce qui n'a pas besoin de preuve ; 2· ne pas abuser de la démonstration par l'absurde ; 3· ne pas avoir plus de soin de la certitude que de l'évidence ; 4 avoir soin aussi de l'ordre vrai de la nature.

179

L'expérience dans les sciences mathématiques. — On peut dire que nous sommes amenés à concevoir les idées de nombre à l'occasion des objets sensibles, dans la géométrie l'expérience est plus considérable ; la vue, le toucher nous suggèrent les idées de ligne, de surface, de volume, de triangle, de carré, etc. Mais pour nous les axiômes ne sont pas le fruit de l'expérience.

180

65ᵐᵉ LEÇON

Méthode des sciences morales

Sciences morales. — On désigne ainsi un ensemble de sciences très nombreuses, très diverses qui n'ont d'autre lien entre elles que d'être étrangères au monde matériel.

181

Classification des sciences morales. —Sciences : 1· philosophiques, 2· philologiques, 3· sociales (droit, économie sociale, politique); 4· critiques (études des religions, des législations, des arts).

182

Distinction d'avec les sciences cosmologiques — 1· Par leur objet (voir leurs définitions), 2· par leurs conceptions fondamentales : idées d'infini, de bien de beau par opposition aux idées d'étendue, de quantité, etc.; 3· par leur point de départ qui est ici l'observation de soi-même, 4· par leur méthode (voir infrà).

183

Leur méthode. — Elle varie selon les cas. Les unes sont surtout d'observation, de classification, d'analyse ; d'autres sont surtout d'analyse ; d'autres surtout de raisonnement s'appuyant sur l'analyse, l'observation. En général elles impliquent toutes l'observation personnelle, contrôlée par l'observation d'autrui et supposent toutes certains principes de raison.

7

184

Méthode de la psychologie. — Méthode d'observation personnelle (voir objections contre la psychologie), contrôlée par l'observation d'autrui, d'où la nécessité d'une psychologie animale, ethnologique, morbide, physiologique.

185

L'expérimentation en psychologie. — 1· Elle est plus difficile qu'ailleurs, mais non impossible comme dans le raisonnement ; 2· utilité d'ailleurs de la psycho-physique.

186

Méthode de la logique. — La logique pure est une science rationnelle, la logique appliquée fait appel à l'expérience.

187

Méthode de l'esthétique. — Rationnelle et expérimentale.

188

Méthode de la morale. — Méthode rationnelle et expérimentale. (part de l'expérience et de la déduction.)

189

Méthode de la métaphysique. — Méthode de réflexion et d'analyse.

190

Méthode des sciences sociales. — 1· Politique: méthode expérimentale, inductive — nécessité de principes pour le point de départ ; 2· jurisprudence, 3· économie politique, 4· droit — méthode expérimentale, et rationnelle.

191

Méthode des sciences philologiques. — Méthode inductive et comparative.

192

Difficulté des sciences morales. — A cause de : 1· la complexité et la délicatesse des faits étudiés, 2· la difficulté de leur assigner un domaine propre, 3· l'incertitude des méthodes.

193

Histoire, témoignage. — (Voir infrà).

194

66ᵐ LEÇON

Histoire — Témoignage

Histoire. — Son objet : elle a pour objet le passé de l'humanité et à un point de vue plus spécial : le passé politique des peuples.

L'histoire est l'exposition claire, exacte, méthodique des faits, sans exclure l'art de les peindre.

195

Écrits historiques. — Chroniques, monographies, histoires nationales, histoires générales, histoires universelles, mémoires, etc.

196

Méthode historique. — C'est la méthode inductive sous une forme particulière : on part de certains faits pour s'élever à d'autres faits ou évènements.

197

Certitude de l'histoire, scepticisme historique. — Le fondement de sa certitude est que là où des témoignages nombreux, dignes de foi, étrangers les uns aux autres concordent sans contradiction sérieuse aucune, il est impossible de douter.— Cependant quelques philosophes ont nié la certitude de l'histoire, s'appuyant sur les orgines fabuleuses des peuples, ou appliquant le calcul des probabilités. — Selon quelques écrivains, le fond a quelque valeur, mais les détails sont fictifs.

198

Sources de l'histoire. — 1· La tradition, 2· les monuments, 3· les écrits.

199

Du témoignage — son importance. — Témoigner c'est affirmer comme vrai un fait dont on a une connaissance personnelle. Le témoignage

1· est une condition de progrès individuel, il rend la vie sociale possible, 3· il sert pour l'administration de la justice, 4· il sert pour la critique historique.

200

Critique du témoignage. — Cette critique s'applique à l'objet, aux témoins, à la forme du témoignage.

201

Fondement de l'autorité du témoignage. — 1· Il repose sur la nature elle-même par l'instinct de crédulité et de véracité qui nous dispose à ajouter foi aux témoignages de nos semblables ; 2· la raison nous commande de l'accepter, car d'autres peuvent savoir ce que nous ignorons ; 3· quelques philosophes le font reposer sur les lois ordinaires de l'induction et du langage.

202

Règles du témoignage. — 1· Pour les témoins, 2· pour le témoignage lui-même.

203

Certitude du témoignage. — Suivant Locke, le témoignage ne nous donne que la probabilité, mais il est évident que plusieurs témoins ne peuvent tromper dans certaines conditions.

204

Témoignage en matière de doctrine. — Le témoignage n'est ici qu'un appoint ; il ne donne pas directement la vérité.

205

Le traditionnalisme. — Il refuse à l'homme la certitude donnée par la conscience, les sens, le jugement, le raisonnement, et n'admet comme certain que ce qui vient du témoignage.

206

Tradition. — Son utilité : c'est la transmission orale d'un fait de bouche en bouche. Elle ne donne pas la certitude, mais les indications qu'elle fournit ne sont pas à négliger ; elle autorise des conjectures, elle provoque des recherches.

207

Règles de la tradition. — Elle a en général d'autant moins de valeur qu'elle est plus ancienne, que les faits rapportés sont plus invraisemblables, que le nombre des témoins a été plus restreint, qu'à l'époque où ils se sont produits les esprits étaient moins éclairés.

208

Monuments. — (Monumenta, témoignages ou memini, je me rappelle). Ce sont les ouvrages de l'homme qui peuvent rappeler les faits passés : édifices, inscriptions, médailles, œuvres d'art, colonnes, tombeaux, chartes, correspondances. L'étude des monuments est l'objet de sciences spéciales ; archéologie, numismatique, paléographie, épigraphie ; mais c'est à l'historien de s'assurer de leur vérité.

209

Importance des monuments. — Ils sont la source la plus sure de l'histoire, ce sont les évènements qui témoignent par leur intermédiaire.

Règles. — 1· Authenticité, 2· sincérité, 3· clarté et intelligibilité.

210

Classification des relations écrites, d'après Daunou. — Procès verbaux, rapports et bulletins officiels, journaux privés, gazettes ou journaux publics, mémoires personnels ou commentaires, correspondances, relations contemporaines, relations postérieures, compilations. Pour tous ces écrits, il faut en résumé : 1· que le témoin n'ait pas pu se tromper ; 2· qu'il n'ait pas voulu nous tromper.

211

Qualités de l'histoire. — 1· Authenticité, 2· intégrité, 3· vérité.

212

La critique historique. — C'est l'art de discerner le vrai du faux en matière historique.

213

Ses règles. — 1· Remonter aux sources mêmes du témoignage, 2· rejeter ordinairement un seul témoin, 3· vérifier les témoignages, les contrôler les uns par les autres ; 4· se défier des écrits ano-. nymes, 5· suspecter le témoignage des écrivains passionnés, intéressés ou malhonnêtes.

214

67·· LEÇON

L'erreur

Définition. — Errer, c'est affirmer, croire ce qui n'est pas.

215

Causes d'erreur. — I· Classification de Bacon: 1· Idola tribûs, 2· specûs, 3· fori, 4· theatri.

II· Classification de Malebranche : 1· erreurs des sens, 2· de l'imagination, 3· de l'entendement, 4 des inclinations, 5· des passions.

III· Classification de Port-Royal : 1· sophismes d'intérêt, d'amour-propre, de passion; 2· sophismes naissant des objets eux-mêmes.

IV· Classification de Descartes : erreurs de la volonté.

V· Classification : 1· causes personnelles ou intrinsèques (causes morales, causes intellectuelles) 2· causes étrangères, 3· spécialement l'autorité, l'habitude, le langage.

216

Erreurs du langage d'après Locke. — A cause de : 1· idées obscures générales, 2· inconstance dans l'emploi des mots, 3· introduction de mots nouveaux, 4· termes figurés, métaphoriques,

217

Cause générale de nos erreurs. — D'après Descartes, c'est la volonté. — On admet généralement que l'erreur résulte de nos jugements dérivés.

218

Nature et étude des erreurs. — 1· Erreurs des sens, 2· de la conscience, 3· de la mémoire, de l'imagination; 4· de l'abstraction, de la généralisation, 5· de la raison pure, 6· du raisonnement.

219

Remèdes de l'erreur. — Ils résultent de l'indication des causes qu'il faut corriger.

220

Sophismes. — On appelle sophisme tout faux raisonnement. On le distingue quelquefois du paralogisme ou raisonnement faux fait à dessein. — Il y a les sophismes de mots et les sophismes de pensée.

221

Sophismes de mots. — 1· Abuser de l'ambiguïté des termes, 2· passer du sens divisé au sens composé et réciproquement.

222

Sophismes de pensée. — I· Sophismes de déduction : 1· ignorance du sujet, 2· pétition de principe, 3· cercle vicieux.

II· Sophismes d'induction : 1· énumération imparfaite, 2· prendre pour cause ce qui ne l'est pas, 3· sophismes de l'accident et du relatif, 4· argument ad hominem, etc.

223

Remèdes. — Ils résultent de l'indication de la cause. On peut y ajouter l'amour de la vérité.

224

Qualités de l'esprit. — Bon sens, rectitude, justesse, sûreté, discernement, sagacité, intelligence, force, pénétration, étendue, originalité.

225

Historique de la logique. — 1· Aristote, 2· logique indienne, 3· des stoïciens, épicuriens ; 4· Romains, 5· commentateurs d'Aristote, 6· Gallien,

7· au moyen-âge, 8· dans Bacon, Descartes ; 9·
dans l'école écossaise, 10· dans Kant, Hégel ; 11·
dans l'école anglaise contemporaine. (1)

TROISIÈME PARTIE

MORALE (ou ÉTHIQUE)

68ᵐᵉ LEÇON

1

Etymologiquement c'est la science des mœurs,
non telles qu'elles sont, mais telles qu'elles de-
vraient être.

C'est la science du bien et du mal, c'est la
science des devoirs.

2

Division de la morale. — 1· Morale spéculative, 2· morale pratique (individuelle, sociale, religieuse).

3

Légitimité, immutabilité, autorité, efficacité de la morale. — Objections (Voir passim).

4

Intérêt et importance. — 1· Intérêt des
questions, 2· utilité pratique.

---

(1) Nous regrettons vivement d'avoir connu trop tard pour le
mettre à profit le cours de Logique par M. Liard. Nous ne
pourrons que conseiller aux élèves de lire spécialement les
chapitres suivants d'un auteur dont l'éloge n'est plus à faire ;
induction formelle, démonstrations et définitions mathématiques,
possibilité des sciences morales, ainsi que les petits exercices
de l'appendice (Masson, éditeur).

5

Morale et psychologie. — La morale doit tenir compte de la nature même de l'homme, de sa constitution physique et morale, de ses facultés, de ses besoins. Elle suppose encore l'étude de la conscience, de la liberté, de la distinction de l'âme et du corps.

6

Morale et logique. — 1 La morale a pour objet le bien, la logique, le vrai ; 2· elles sont toutes deux spéculatives et pratiques ; 3· elles ont ceci de commun qu'elles s'appuient sur la psychologie et font appel à la raison.

7

Morale et théodicée. — Les liens les plus étroits les unissent, mais ce sont deux sciences distinctes. Si la théodicée est le complément de la morale, elle n'en est pas la base (réponse à une objection, la morale indépendante, voir infrà.)

8

Morale et religion. — Il ressort de là qu'un certain développement moral est possible en dehors de toute culture religieuse. La morale s'impose dès lors à l'athée comme au croyant.

9

Développement de la morale. — 1· Notions fondamentales innées, 2· œuvre des générations successives (philosophie grecque, chrétienne, moderne).

10

Méthodes de la morale. — 1· Méthode idéale (idée innée du bien), 2· inductive et déductive, 3· rôle de l'analyse et de la synthèse.

11

La morale est-elle une science ou un art ? — Comme la logique, elle est l'une et l'autre : 1· c'est la science des lois de la volonté appliquée au bien, 2· c'est l'art d'appliquer ces mêmes lois.

12

69ᵐᵉ LEÇON

La conscience morale

Analyse de la conscience morale. — I· Nom donné à la raison en tant qu'elle a pour objet la moralité — Elle diffère de la conscience psychologique.

II· Est-elle une faculté à part ? Par l'analyse de la conscience morale, on peut voir qu'elle implique sensibilité, intelligence, volonté et rien autre chose. Elle peut d'ailleurs se ramener à une faculté plus spéciale, la raison.

13

Degrés de la conscience. — Conscience droite claire, erronée, ignorante, douteuse, etc.

14

Conscience morale et sentiment moral. — On peut discerner dans la conscience morale le jugement moral ou simplement conscience morale, et aussi les émotions accompagnant ce jugement ou sentiments moraux.

15

Sentiments moraux. — Ce sont les diverses affections de plaisir et de douleur causées dans l'âme par la présence du bien et du mal.

Deux classes : 1· se rapportant à nos actions (satisfaction morale, remords, repentir, sentiment de l'honneur, honte, estime et mépris de soi, etc) 2· se rapportant aux actions d'autrui : sympathie, bienveillance, estime, respect, enthousiasme, horreur, etc.

16

Du respect. — Kant a fait l'analyse de ce sentiment. Le respect s'adresse aux personnes. Il diffère de l'admiration, de l'inclination; il s'adresse uniquement à l'honnêteté du caractère.

17

Autorité de la conscience. — Le criterium pratique de la moralité est en dernier ressort la conscience actuelle : « Fais ce que *tu* crois devoir faire. »

18

Conscience relative et conscience absolue. — La morale est-elle purement subjective ?

Au-desssus de la conscience de chacun se trouve une conscience idéale, absolue, infaillible vers laquelle on s'élève sans cesse sans l'atteindre jamais.

19

Sentiments et jugement moraux, antériorité des uns ou des autres. — En apparence ils sont simultanés. Quelques raisons cependant font croire à l'antériorité des jugements sur les sentiments.

20

Origine des notions morales ou des sentiments moraux — Ils ont leur origine dans notre constitution même, dans notre raison. Ils ne peuvent dériver : 1· de l'éducation, 2· de l'habitude, 3· de la législation, 4· de la superstition.

21

Limites de la conscience morale. — Certains faits lui échappent : 1· les faits physiques, 2· certains faits humains.

Elle porte uniquement sur les actes de conscience voulus, libres, c'est-à-dire qui impliquent réflexion et discernement.

22

Point de départ de la morale. — C'est l'expérience.

23

Morale de l'intention. — 1· Selon quelques moralistes, peu importe le résultat d'une action pourvu que l'intention soit pure ; 2· d'après le jansénisme, il ne faut pas tenir compte de l'intention : c'est aux actes seuls qu'est attachée la responsabilité.

24

Marche suivie en morale. — Comme on le voit, nous partons des faits de conscience Il faut savoir ce que nous sommes, ce que nous éprouvons (sentiments et jugements moraux) afin de trouver la trace de l'idéal.

25

70ᵐᵉ LEÇON

Le bien en soi ou souverain bien

Définition du bien. — 1· Selon Platon, c'est l'idée suprême ; 2· selon les épicuriens et les stoïciens, c'est la conformité à la nature ; 3· selon quelques théologiens, le bien n'est rien de soi : il n'est tel que par la volonté divine : 4· selon Malebranche, le bien absolu réside dans l'absolue perfection qui est Dieu, et le bien moral consiste à aimer chaque être dans la mesure de sa perfection ; 5· selon Clarke : le bien c'est l'ordre ; 6· selon Wollaston : le bien c'est la vérité ; 7· selon Jouffroy : le bien absolu, c'est la fin assignée au monde.

26

Détermination du bien. — 1· Examen des diverses définitions données ; 2· le bien, c'est le suprême désirable, c'est-à-dire la suprême félicité et la parfaite moralité.

27

Loi ou obligation morale. — Différences des lois naturelles et des lois morales.

La loi morale est la loi souveraine des êtres raisonnables, libres. Elle s'impose à la raison, à la conscience, ou plutôt conscience, loi morale, raison ne font qu'un.

28

Caractères de la loi morale. — 1· Inconditionnellement obligatoire (impératif catégorique et impératif hypothétique de Kant); 2· absolue, invariable, 3· universelle, 4· autonome (Kant).

29

Existence de la loi morale. — 1· Par le consentement général : les hommes subissent les lois sans se révolter.

2· Par la conscience : nos jugements et nos sentiments moraux n'auraient pas de raison d'être sans loi morale.

3· Par la raison : le premier devoir d'un être raisonnable est d'agir conformément à sa raison, c'est-à-dire conformément à une règle et à un but.

30

71ᵐ LEÇON

Le bonheur — l'eudémonisme

Idée du bonheur. — Toute créature sensible aspire au bonheur, mais il ne consiste pas dans les plaisirs ; il est donc facile de remarquer que dans la vie présente tout bonheur est imparfait.

31

Le bonheur, fin en soi. — Le bonheur ne peut être proposé à l'homme comme le but immédiat et le motif premier de ses actes ; il n'est pas obligatoire ; ensuite le but serait placé en dehors de notre portée. La plus grande perfection morale est de remplir son *devoir par devoir*.

32

La vertu et le bonheur. — La vertu suffit-elle pour le bonheur, comme le veulent Sénèque et les Stoïciens ? L'accord parfait du bonheur et de la vertu n'est pas dans notre destinée présente. Si le bonheur accompagnait la vertu, l'acte deviendrait intéressé.

33

Accord du bien et du bonheur. — Il y a cependant une harmonie nécessaire : en soi le bonheur doit être la suite naturelle du bien, d'où cette définition du bonheur : « Un état de l'âme en possession du souverain bien. »

34

L'eudémonisme rationnel. — Ainsi la vertu est le principal élément du bonheur mais l'homme vertueux frappé dans ses affections, ses biens... n'est pas heureux ; il faut donc ajouter à la vertu la possession des autres biens.

35

Le bonheur d'après Sénèque. — 1· Son universalité, 2· il réside dans les profondeurs de l'âme 3· le bonheur est la conséquence du bien ; 4· la vertu se suffit à elle-même, elle procure la liberté le bonheur, etc. ; 5· définition du bonheur : c'est la conscience d'avoir atteint la vérité de sa propre nature.

36

72ᵐ LEÇON

Morale de l'intérêt

Principes de nos actions. — Principaux motifs : 1· égoïsme prudent ou aveugle, 2· sentiment 3· raison.

37

Ordre d'apparition des motifs et des mobiles. — 1· Désir, 2· intérêt, 3· devoir ou raison.

38

Intérêt et désir. — 1· Désir peut être désintéressé, intérêt toujours égoïste ; 2· désir spontané intérêt calculé ; 3· l'intérêt succède au désir.

39

Devoir et intérêt. — 1· L'intérêt conseille, le devoir commande, 2· l'intérêt est relatif, le devoir absolu.

40

Morale naturelle. — On connaît la formule célèbre de l'antiquité : suivre la nature. — Elle est bonne, mais équivoque.

41

Morale cyrénaïque, épicurienne, fouriériste.
1· Cyrénaïque : jouir est la loi des vivants ; 2· épicurienne : différence de la morale d'Epicure et de
celle de ses disciples ; 3· Fouriériste : les passions
au nombre de douze sont le seul ressort de l'humanité. Il faut les harmoniser, grouper les hommes
d'une façon intelligente par communautés de
deux mille personnes appelés phalanstères.

42

Réfutation de la morale du plaisir. — 1· Elle
n'a pas les conditions de la loi morale : universelle, éternelle, immuable, claire, obligatoire ; 2·
distinction du plaisir et de l'honnête dans l'humanité ; 3· le plaisir est un moyen, jamais une *fin*.

43

Le plaisir dans la morale. — Il n'en est pas
absent : il est la récompense du bien, mais il
n'est pas la forme du devoir, comme dit Kant.

44

Morale de l'intérêt. — Suivant cette morale :
la fin de nos actes est le bonheur. C'est-à-dire la
plus grande somme possible de plaisir et d'avantages. C'est toujours l'égoïsme, mais délicat et
prudent.

45

Système de La Rochefoucauld. — I· L'amour
propre sous la double forme de l'intérêt et de la
vanité est le principe unique de nos sentiments et
de nos actes. Amitié, bonté, générosité, reconnaissance, pitié, libéralité, sont le fruit de l'é-
goïsme.
II· Réfutation : 1º en fait l'égoïsme est malheu-
reusement une loi psychologique mais ne peut
être une loi morale ; 2· cette morale révolte le
cœur, la conscience, la raison ; 3· elle dénature
les vertus citées plus haut ; 4· elle n'a pas les
conditions voulues (ce n'est pas un devoir univer-

sel, elle n'est pas impersonnelle, absolue, infaillible, obligatoire); 5· elle ne rend compte d'aucun des faits de la conscience morale : jugements, sentiments; intervention des tribunaux.

46

Le bonheur ou l'intérêt individuel dans la morale. — Il est la *matière*, non la *forme* du devoir (Kant).

47

Morale de Hobbes, des Encyclopédistes, d'Helvetius. — (voir histoire de la philosophie).

48

Morale de l'intérêt général. — Jérémie Bentham : 1· universalité du plaisir, 2· mesure de la moralité à l'utilité, 3· loi de maximisation : le plus grand bonheur pour le plus grand nombre ; 4· arithmétique morale : il faut tenir compte de l'intensité, la durée, la certitude, la proximité du plaisir, l'âge, le sexe, l'éducation, la profession, le climat, la race, la nature du gouvernement, l'opinion religieuse, l'intérêt de la société.

L'action est-elle bonne pour l'agent, sa famille, son pays, l'humanité, voilà la question qui s'impose à la conscience avant les actes.

Réfutation : 1· admissible pour la législation, 2· c'est une morale d'inaction, 3· abus de cette doctrine (comité de salut public); 4· distinction de l'intérêt général et du devoir de l'humanité; 5· elle substitue l'égoïsme de tous à l'égoïsme individuel, amène une lutte entre l'intérêt personnel et l'intérêt général ; 6· elle présuppose l'égalité des personnes (H. Spencer); 7· elle n'est qu'une morale sociale ; 8· le droit d'un seul peut primer l'utilité de tous (doctrine de Summer Maine); 9· elle n'a pas les conditions voulues.

49

Utilitarisme contemporain. — Recherche historique des origines :

I Littré : la notion de bien n'était d'abord que l'idée de compensation ou de dédommagement.

II· Stuart-Mill : 1· la morale est l'ensemble des règles de conduite dont l'observation doit assurer au genre humain une existence heureuse ; 2· Génèse du sens moral : le sentiment du juste est un vif mouvement de défense personnelle généralisé par la sympathie ; son autorité vient d'une association indissoluble.

III· H. Spencer : le sens moral est maintenant primitif, inné, mais l'utilitarisme était vrai à l'origine (théorie de l'hérédité).

IV· Danger de ces doctrines : 1· si la notion du juste était acquise, elle perdrait de notre respect : on pourrait la renverser ; 2· *hypothèse* de l'hérédité; 3· elles n'expliquent pas le caractère sacré du devoir 4· elles ne résolvent pas la question de l'idéal moral.

51

73ᵐᵉ LEÇON

Morale du sentiment

Morale du sentiment. — Le cœur est le plus grand moteur de la vie ; il faut donc compter sur les sentiments généreux pour assurer la moralité (voir inclinations).

52

Représentants de cette morale. — 1· Schaftesbury (instinct); 2· Hutcheson (bienveillance) ; 3· David Hume (le bien est directement senti) ; 4· Adam Smith (voir infrà) ; 5· Ferguson (sensibilité, sentiments naturels).

53

Critique de cette morale. — 1· Part de vérité, 2· elle n'a pas les conditions voulues ; 3· elle est dangereuse, 4· exclusion de la morale religieuse et de la morale individuelle, 5· la morale sociale serait encore trop étroite.

54

La sympathie, Adam Smith. — Définition : c'est la tendance naturelle, instinctive des hommes à se complaire mutuellement, à partager les joies et les peines ; 2· jugements moraux sur actions d'autrui antérieurs à ceux que nous portons sur nous-mêmes : la notion du bien et du mal ne nous est suggérée que par la vue des actes d'autrui ; 3· rôle secondaire de la raison (faire le catalogue des faits convenables ;) 4· explication de nos jugements sur le mérite et le démérite ; 5· nous appolons honnête l'action, qui nous fait sympathiser avec son auteur — quant à notre conduite elle est bonne si elle excite la sympathie de nos semblables.

Réfutation : 1· elle supprime la morale *individuelle* ; 2· le choix de ce sentiment est *arbitraire*; 3· cette règle est *hétéronome* ; 4· au fond, c'est le respect humain qui est la règle ; 5· aveu de Smith : LE SPECTATEUR IMPARTIAL ; 6· Smith a pris l'effet pour la cause, il suppose que l'appréciation morale succède à la sympathie ; mais nous avons de la sympathie pour l'agent d'une action jugée bonne.

55

Système du sens moral. — *(Schaftesbury, Rousseau, Jacobi)* : un sens ou un instinct moral nous révèle immédiatement la valeur morale d'une action par l'attrait d'abord, par la satisfaction ou le remords ensuite.

Réfutation : ce système suppose l'antériorité du sentiment sur l'appréciation morale, 2· comment pourrait-il expliquer alors la diversité des opinions sur le bien, 3· ce système n'a pas les conditions voulues : absence de précision, de fixité.

56

Rôle du sentiment dans la morale. — Il est une partie de la moralité ; c'est un auxiliaire précieux de la bonne volonté (voir stoïcisme de Kant).

57

74ᵐᵉ LEÇON

Doctrine de l'obligation. — Morale de Kant

La morale de la raison ou le devoir pur. — Nous avons déjà éliminé deux systèmes ; il ne reste plus qu'à examiner la morale de la raison.

58

Morale de Kant. — 1. Sa critique de la raison pure ; 2° la notion du devoir, base de son système ; 3° doctrine de l'obligation ; 4° la liberté ; 5° la forme et la matière du devoir ; 6° la formule : la personne humaine, fin en soi ; 7° conséquences de cette formule ; 8° rôle du sentiment moral ; 9° les postulats de la conscience : la liberté, l'immortalité, l'existence de Dieu.

59

Liberté dans la morale. — Elle est nécessitée par le devoir : je le dois, donc je le puis.

60

Bien absolu et bien moral. — Il est très-important de distinguer le bien absolu et le bien moral ; le 1ᵉʳ réside dans la *conformité absolue* de l'action à la loi ; le 2° réside dans la droiture de l'*intention*.

61

Notre système de morale. — C'est la doctrine de Kant avec quelques réserves : 1° rôle du sentiment dans la morale ; 2° rôle du bonheur ; 3° subordination du devoir au bien absolu.

62

L'idée du bien a les conditions voulues pour être la loi morale. — I° Elle est universelle, autoritaire, obligatoire, claire, possible.

II° Objection : diversité des jugements sur le bien et le mal, scepticisme moral.

63

75ᵐᵉ LEÇON

Le devoir et le droit

Le devoir et le bien. — Le devoir est la nécessité morale de se conformer à la loi ; il suppose donc une loi qui est le bien, et en outre la raison et la liberté.

64

Caractères du devoir. — Absolu, obligatoire, universel.

65

Droit et devoir. — La loi morale est le devoir si le sujet est actif ; elle est le droit *si le sujet* est passif ; le droit se définit la prérogative attachée à la personne d'être respectée dans sa liberté.

66

Corrélation du devoir et du droit. — I· Le devoir suppose chez l'agent moral le droit d'exercer sa liberté, voilà le droit corrélatif au devoir.

II· Différences : (A) le devoir est subjectif (intention) ; le droit est objectif (fait lui-même) ; (B) le devoir est antérieur au droit (?).

III· Rapports : 1· ils ont même principe ; la nécessité morale d'accomplir le bien ; 2· tout ce qui est commandé ou défendu par le droit l'est aussi par le devoir, mais le nombre des devoirs n'est pas le même que celui des droits ? 3· le devoir et le droit concourent au même but, la perfection de l'homme et de la société ; 4· leurs conditions sont les mêmes : loi, raison, liberté ; 5· le droit est inséparable du devoir, il y a droit du moment qu'il y a devoir, et réciprt ; 6· réciprocité des droits et des devoirs dans la vie sociale ; 7· On admet généralement que le droit a son fondement dans le devoir.

67

Droits dans la société. — 3 formes : 1· droit de libre action (liberté individuelle, industrielle, commerciale) ; 2· droit sur autrui (du supérieur sur l'inférieur, etc.) ; 3· droit à un acte favorable de la part d'autrui (droit de l'enfant à la sollicitude des parents).

68

Fondement du droit. — 1· La convention ; 2· la force (Spinosa, Hobbes, Proud'hon) ; 3· l'intérêt général ; 4· le besoin (socialistes) ; 5· la dignité humaine, valeur absolue de la personne ; 6· la liberté ; 7· le devoir.

68 *bis*

76ᵐᵉ LEÇON

Vertu, responsabilité, mérite, démérite, sanctions

Interprétation de la loi morale. — La loi morale dit : Fais le bien, tu le dois ; mais où est le bien, le devoir ? En général il n'y a pas d'erreur possible, grâce à la conscience individuelle, parfois cependant il y a conflit des devoirs.

69

Conflit des devoirs. — Principales règles à suivre quand un devoir est incompatible avec un autre : 1· tenir compte de l'importance relative des devoirs ; 2· de la gravité de l'infraction ; des intérêts lésés ou sauvegardés ; 4· ne pas oublier que la fin justifie rarement les moyens.

70

Vertu. — Définitions : 1· Platon : fruit de la science, 2· Aristote : habitude de la modération ; 3· Stoïciens : affranchissement absolu de la volonté ; 4· Mystiques : elle consiste dans l'amour de Dieu ; 5· Malebranche : amour de l'ordre ; 6· Spinosa : une puissance ou une force ; 7· Kant : obéissance au commandement de la raison.

La vertu a pour objet le bien, elle a son principe dans la volonté bonne, dans l'habitude de bien faire.

71

Division des vertus. — La plus satisfaisante est celle des anciens : quatre vertus : prudence, justice, force, tempérance — ajoutons : la charité.

72

Responsabilité de l'agent. — Puisque l'agent est libre, il est responsable.

73

Imputabilité des actions. — Les actions sont encore dites imputables, excepté dans certaines circonstances (idiotisme, folie, délire, sommeil, ivresse (en partie) impossibilité, ignorance du bien, contrainte ou action d'autrui).

74

Mérite et démérite. — Caractère que les bonnes ou les mauvaises actions confèrent à l'agent responsable. — Il faut considérer le mérite et le démérite indépendamment des récompenses et des peines : la loi morale doit être obéie *pour elle-même*.

75

Mérite et obligation. — Le mérite est en raison composée de la difficulté et de l'importance du devoir (M. Janet).

76

Sanction. — Ensemble de récompenses et de peines attachées à l'observation ou à la violation de la loi.

77

La sanction et les lois positives. — La sanction leur est immédiatement nécessaire.

78

La sanction et la loi morale. — La loi doit être accomplie par respect pour elle-même.

La sanction n'est pas ici un moyen, mais une conséquence.

C'est Dieu qui doit penser pour nous à la récompense.

- D'où les deux postulats : immortalité de l'âme, existence de Dieu.

79

Sortes de sanctions. — 1· Sanction naturelle de nos actes, 2· civile ou des lois positives, 3· sociale (opinion); 4· morale (joies et peines de la conscience). Elles sont insuffisantes.

80

Nécessité d'une autre sanction. — La vie future.

81

Sortes de devoirs. — 1· Négatifs ou d'abstension (ne pas tuer); 2· positifs, d'activité (charité).

82

Devoirs stricts et devoirs larges. — Larges ne veut pas dire non obligatoires, mais *légalement* non exigibles.

83

Conseils moraux pour la pratique. — Examen de conscience (Sénèque) (1).

84

77ᵐᵉ LEÇON

Morale pratique

Division des devoirs. — 1· Envers soi-même ; 2· envers ses semblables ; 3· envers Dieu.

---

(1) Voir ouvrage de M. Martha.

85

Devoirs envers soi-même

Justesse de l'expression. — « Envers soi-même » : La personne empirique est obligée envers la personne pure, autrement dit la partie *sensible* est obligée envers la *raison* et la liberté.

86

Examen d'un sophisme. — Je ne fais de tort qu'à moi-même : Cela n'est pas vrai à cause de la solidarité morale.

87

Détermination des devoirs envers soi-même. — 1· Principe exclusif : le bonheur ; 2· principe exclusif : la moralité ; 3· conciliation des deux systèmes.

88

Division des devoirs envers soi-même. — 1· Envers le corps ; 2· envers l'âme.

89

Le suicide. — La première obligation est de vivre, et aussi de ne pas se mutiler, le suicide est contraire : 1· à la nature, 2· à la moralité, 3· à la société, 4· à la famille, 5· il peut être dit une diminution de courage ; 6· il est une révolte contre le créateur.

90

Examen des causes et des arguments en faveur du suicide (7). — Fausse grandeur du suicide : remèdes.

91

Devoirs relatifs à la vie physique. — 1· Hygiène : propreté, décence, ordre, respect de soi-même ; 2· gymnastique ; 3· délassements.

92

Préceptes généraux pour les devoirs individuels.—Tous ces devoirs dérivent de : 1· devoirs
de dignité ; 2· devoirs de perfectionnement.

93

Devoirs pour la sensibilité. — Tempérance en
tout,

94

Devoirs pour l'intelligence. — Prudence,
ordre, modestie, liberté d'esprit, équilibre des
diverses facultés.

95

Devoirs pour la volonté. — 1· Courage (civil
et militaire) ; 2· patience ; 3· esprit d'initiative ;
4· constance.

96

Le travail. — 1. Définition : déploiement de
l'activité en vue d'une fin utile ; 2· ses effets
moraux ; 3· ses rapports avec le bonheur ; 4· son
utilité pour la société, la famille (voir économie
politique).

97

L'épargne. — C'est la conservation du superflu
acquis par le travail: utilité (voir économie politique).

98

Devoirs dans la nature. — Devoir de respect
et d'admiration envers l'ordre universel.

99

Devoirs envers les animaux. — 1· Absurdité
de toute destruction inutile ; 2· société protectrice
des animaux ; 3· loi Gramont.

100

78ᵐᵉ LEÇON

La Famille

Origine et nécessité de la famille. — La constitution de la famille est l'œuvre de l'homme dans un certain sens ; mais c'est la nature, la force des choses qui a posé le principe et qui a présidé à son établissement.

Preuves : 1· nous voyons chez les animaux une organisation rudimentaire de la famille ; 2· dans l'humanité, des besoins d'un ordre plus élevé veulent plus durable l'union des parents et de l'enfant ; 3· la famille est donc nécessitée par la nature de l'homme, ses besoins moraux et ses affections les plus chères ; 4· la famille est une école de moralité ; 5· ses bienfaits pour la société ; 6· l'histoire constate que la famille a resserré ses liens à chaque progrès de l'humanité.

101

La société peut-elle remplacer la famille ? — Non (voir Platon).

102

Objections contre la famille. — 1· Enchaînement de liberté, 2· égoïsme, 3· elle est contraire aux intérêts de la société.

103

Mariage. — I· Union de deux personnes de sexe différent mettant en commun leurs facultés, leurs sentiments, leurs volontés dans le but de se compléter l'un par l'autre et de partager les peines et les joies de la vie.

II· Mariage civil — mariage religieux.

III· Le mariage est-il obligatoire ?

IV· Divorce — polygamie.

104

Devoirs des époux. — 1· Fidélité, amour, dévouement, égalité, bonne humeur ; 2· Différence des attributions ; 3· la solidarité dans le ménage.

105

Devoirs des parents envers les enfants. — I· Avant, après la naissance : affection, impartialité, soins matériels. éducation,.

II· Intervention de l'Etat. — Limites de l'autorité paternelle.

106

L'éducation dans la famille. — 1· Définition de l'éducation ; 2· formation du caractère : 3· vigilance sans tracasserie ; 4· accord du père et de la mère à ce sujet.

107

Fin de l'autorité paternelle. — 1· Législativement, 2· rationnellement.

108

Héritage paternel. — 1· Droit de tester, 2· droit d'aînesse.

109

Devoirs des enfants. — Respect, obéissance. Plus tard : déférence, respect, amour. Recevoir les conseils des parents, les soigner dans leur vieillesse.

110

Devoirs des frères et sœurs. — 1· Avantage des grandes familles pour l'éducation ; 2· devoirs réciproques : protection, amour, déférence mutuelle : 3· droits et devoirs des aînés si les enfants sont orphelins.

111

L'esprit de famille. — Sentiment complexe. comprenant tous les devoirs déjà nommés et en plus le zèle à prendre partout la défense des siens.

112

Devoirs et droits des domestiques. — Obéissance, respect, probité, bonne foi ; droit à la bienveillance.

113

Les amis dans la famille. — Un ami est le plus précieux de tous les biens (voir théorie de l'amitié, basée sur l'honnête, en psychologie).

114

79ᵗ LEÇON

Morale sociale

Morale sociale. — Elle a pour objet les relations des hommes entr'eux et les devoirs qui dérivent de la vie sociale.

115

Destination sociale de l'homme. — La société résulte-t-elle, comme l'ont prétendu Hobbes et Rousseau, d'un *contrat*, ou a-t-elle son fondement dans la *nature* et la *raison*.

116

Preuves en faveur de la société. — 1· Par la nature de l'homme, 2· par ses tendances natives, ses instincts ; 3· nécessité du développement moral et intellectuel, possible seulement en société.

117

Devoirs généraux

Ils sont contenus dans ces deux préceptes : « Ne fais pas à autrui... — Fais à autrui .. » Inconvénients de cette formule. — Elle est mieux formulée : « Ne fais pas de mal à autrui, fais lui *tout le bien* possible. »

118

Justice. — Rendre à chacun ce qui lui est dû.

119

Analyse des principes de justice. — 1· Ne pas rendre le mal pour le bien. 2· ne pas faire de mal à ceux qui n'en ont pas fait ; 3· ne pas rendre le mal pour le mal ; 4· rendre le bien pour le bien ; 5· faire du bien à ceux qui ne nous ont fait ni bien ni mal ; 6· rendre le bien pour le mal (charité).

En résumé : 1· ne nuire à personne, 2· rendre à chacun ce qui lui est dû.

120

Respect de la personne dans sa vie. — Condamnation de l'homicide. Lois positives à ce sujet.

121

Droit de légitime défense. — Il est réglé par certaines lois.

122

Homicide dans la guerre. — Le soldat n'est pas responsable.

123

La peine de mort. — 1· Irréparable, 2· sans degrés, 3· non réparatrice.

124

Le duel. — 1· Il implique consentement à l'homicide et au suicide ; 2· il est incompatible avec l'ordre social ; 3· la vengeance est interdite, 4· il est injuste, 5· il n'est pas réparateur, 6· il est absurde, 7· cas où il est difficile de l'éviter.

125

L'assassinat politique. — C'est toujours un crime.

126

Respect de la personne dans sa liberté. — 1· Esclavage (condamnation de) ; 2· servage (au moyen-âge) ; 3· domesticité (règles de la) ; 4· les grèves.

127

Respect de la personne dans son intelligence. — Condamnation du mensonge.

128

Respect des croyances et des opinions. —
1· Tolérance, 2· libre discussion.

129

Respect des personnes dans la sensibilité.
— Par la politesse qu'il ne faut pas confondre avec
les usages prescrits par la mode.

130

Respect de la personne dans son honneur
et sa réputation. — Condamnation de : 1· calomnie, 2 médisance, 3· envie, 4· délation.

131

80ᵐᵉ LEÇON

Propriété — Charité

Respect de la personne dans ses biens. —
1· La propriété ; 2· condamnation du vol.

132

La propriété.— Est-elle de droit naturel ? Elle
est de droit naturel si elle dérive de la nature
humaine comme conséquence nécessaire ; 1· la
propriété chez l'animal ; 2· la propriété est une
nécessité sociale ; 3· elle est conforme à la justice;
4· elle est une garantie de l'indépendance et de la
dignité morale

133

Propriété de la terre.— 1· Elle a toujours été
contestée, car elle est d'origine humaine, mais la
société a tout intérêt à la maintenir ; la nature et
la raison la réclament.
II· Objections contre la propriété.

134

La propriété collective, égalité des biens.—
Impossibilité du partage du sol entre tous les
membres de la communauté.

135

Fondement de la propriété. — 1· Le droit du premier occupant ; 2· elle repose sur la liberté et l'activité de l'homme ; elle a sa raison dans la nécessité sociale.

136

Donation et transmission.— C'est une conséquence nécessaire de la propriété.

137

Correctif à la propriété. — Accomplissement des devoirs, — la charité.

138

Le vol.— Il faut respecter la propriété d'autrui même dans les plus petits petites choses.

139

Respect de la parole donnée. — 1· Engagements écrits ; 2· engagements oraux ; 3· engagements tacites ; 4· promesses faites à la légère.

140

Devoirs d'exactitude et de ponctualité. — L'exactitude et la ponctualité s'imposent dans notre société : « Time is money. »

141

Justice distributive. — Rendre à chacun ce qui lui est dû, c'est-à-dire traiter chacun selon mérite.

142

Formes secondaires de la justice. — Condamnation de la trahison, de l'ingratitude, de l'indiscrétion, de l'envie, de la jalousie, de la curiosité déplacée.

143

La charité. — C'est la loi d'amour venant corroborer la loi de justice.

144

Comparaison de la justice et de la charité. — 1· La justice doit précéder la charité, 2· la justice est négative, la charité est positive ; 3· la justice est obligatoire, la charité ne l'est que moralement ; 4· à la justice correspond des droits, à la charité non (légalement) ; 5· la raison dit ce qui est juste, le cœur ce qui est bien ; 6· la justice a pour base l'inviolabilité de la personne humaine ; la charité a pour base la fraternité humaine.

145

Accord et harmonie de ces deux vertus. — De leur accord et de leur harmonie résultent l'accord et l'harmonie du monde moral.

146

Analyse de la charité. — 1· Le respect, 2· le dévouement et le sacrifice, 3· charité générale ou philanthropie.

147

Devoirs de charité. — Autant que de devoirs de justice : 1· porter secours à ceux qui sont en danger, 2· protéger la liberté de ses semblables, 3· répandre la vérité, 4· soulager les souffrances 5· défendre les absents contre la médisance et la calomnie, 6· l'aumône, la bienfaisance, 7· faire plus qu'il n'est dû, 8· la charité dans les sentiments.

Morale civique

148

La nation, la patrie. — L'Etat ou la société n'est pas simplement une agglomération d'hommes vivant sur le même sol. Pour constituer une notion il faut communauté de : 1· langue, 2· croyances religieuses, 3· territoire, 4· race, 5· intérêts, 6· mœurs et coutumes, 7· lois, 8· passé historique.

Toutes ces conditions doivent être réunies autant que possible, mais ne sont pas indispensables. La condition nécessaire et suffisante est la communauté de *sentiments* et de *volonté*.

149

Sentiments contraires à la patrie. — 1· Egoïsme : la patrie est là où l'on est bien ; 2· mysticisme cosmopolite.

150

Education nationale. — La connaissance de notre histoire, de notre langue doit éveiller le vrai *patriotisme*.

L'état et les citoyens

151

Le contrat social. — Il doit reposer sur la nature.

152

Rôle des traditions et des coutumes dans la formation de l'Etat. — Il faut en tenir compte quand elles sont bonnes.

153

Idéal d'un gouvernement. — Examen de la tyrannie, de la monarchie abolue, de la démocratie.

154

La souveraineté nationale. — En principe un peuple a le droit de disposer de lui-même, de se donner le gouvernement qui lui convient. La souveraineté réside dans le peuple, la nation.

155

Définition de l'Etat. — I· Il ne faut pas opposer l'Etat et les citoyens : l'Etat, c'est la somme des citoyens.

II· Dans un autre sens, l'Etat est la partie gouvernante de la nation.

156

Choix d'un gouvernement. — Dans le choix d'un gouvernement il faut tenir compte du génie propre de la nation, de ses traditions, de son histoire, de ses mœurs, de sa position géographique, de ses rapports avec les autres peuples.

157

Fondement de l'autorité publique. — C'est la volonté nationale prise dans la majorité des suffrages.

158

Bienfaits de la liberté politique. — Ils sont évidents.

159

La vertu dans les démocraties. — Elle y est plus nécessaire que dans les autres gouvernements.

160

Devoirs des citoyens. — 1· Obéissance aux lois civiles et politiques, respect de la constitution; 2· devoir de prêter main forte à l'autorité ; 3· l'impôt : sa nécessité, ses avantages, qualités (doit être voté par les représentants, etc.), condamnation de la fraude ; 4· service militaire obligatoire, condamnation de la mutilation, de la désertion — 5° services que les femmes peuvent rendre à la patrie.

161

Le vote. — Il est *obligatoire* (condamnation de l'indifférence en matière politique). — Ses qualités, libre, éclairé, impartial.

162

Devoirs et droits de l'électeur. — Que faut-il penser du mandat impératif ?

163

Devoirs des éligibles. — 1· Loyauté, 2 devoir pour tous d'accepter les charges que nous pouvons remplir.

164

Devoirs spéciaux, professionnels. — Ils seraient trop longs à énumérer. Partout il faut 'honnêteté.

165

Du choix d'un état. — Chose importante et pourtant fort négligée.

166

Droit naturel, civil, politique. — I· Le droit naturel comprénd les droits inhérents à la nature humaine qui sont inaliénables : liberté corporelle, individuelle, du travail, droit de propriété, liberté de conscience, de pensée, droit public naturel (international).

II· Le droit positif fixé par les lois écrites comprend : 1· le droit civil qui règle nos rapports avec nos semblables et qui traite principalement des droits paternels, des testaments, des donations, des échanges, des rapports du propriétaire et du locataire. — 2· Le droit politique : droit de voter, d'être éligible.

167

Devoirs de l'Etat

Rôle de l'Etat. — 1· Système de l'état providence ; 2· l'état simple gardien de l'ordre.

168

Séparation et union des pouvoirs. — 1· Séparation, son avantage : pouvoir législatif, exécutif judiciaire ; 2· union des pouvoirs.

169

Pouvoir législatif. — 1· Devoirs : faire des lois praticables, respecter la liberté individuelle ; 2· Droit : droit d'indépendance.

170

Pouvoir exécutif. — Examen de la constitution actuelle (1875) — Devoirs : impartialité dans l'application des lois, sang-froid, énergie, condamnation des coups d'Etat ; 2· droit : respect.

171

Fonctionnaires. — Devoirs : assiduité, exactitude, politesse, zèle ; droit : respect.

172

Pouvoir judiciaire. — 1· Magistrature debout, 2· assise. Devoirs : impartialité, respect des lois et de la constitution ; droit contesté : inamovibilité.

173

Droit de punir. — I· Son fondement : 1· la vengeance, 2· la réparation, 3· l'expiation, 4· l'intérêt social d'accord avec la justice.

II· Gradation des peines — suivant le degré de culpabilité.

III· Devoirs à observer en punissant — impartialité, sang-froid, etc.

174

Le jury. — Droits et devoirs des jurés ; 1· droit respect.

II· Devoirs : impartialité, justice, savoir, etc.

175

82·· LEÇON

Droit international

Origine de ce droit — Les nations sont de véritables *personnes morales*.

176

Le droit des gens (gentium). — Ensemble des règles et coutumes régissant les rapports des nations entre elles. Le droit international réside dans la conscience et la raison des peuples.

177

Sanction du droit des gens. — 1· Solidarité internationale — 2· solidarité historique.

178

Devoirs mutuels des nations — 1· Respect d'existence, 2· indépendance, 3· honneur, 4· possessions, 5· condamnation de l'hypocrisie et des

mensonges dans la diplomatie, 6· respect des
traités et conventions, 7· l'émulation remplaçant
l'envie.

<h3 style="text-align:center">179</h3>

Droit coutumier international. — I· Etat de
paix : 1· libre circulation, 2· extradition des cri-
minels, 3· inviolabilité des ambassadeurs, consuls
plénipotentiaires

II· Etat de guerre : 1· droit des neutres, 2·
règles des belligérants : (A) déclaration de guerre
(B) troupes régulières, (C) respect des femmes,
enfants, vieillards, infirmiers, médecins, prison-
niers (D) la convention de Genève.

<h3 style="text-align:center">180</h3>

L'arbitrage international. — Il peut donner
d'excellents résultats.

<h3 style="text-align:center">181</h3>

Morale religieuse

Distinction nécessaire à propos de ces
devoirs. — Il s'agit ici de la religion *naturelle*.

<h3 style="text-align:center">182</h3>

Devoirs religieux. — 1· Devoir de se rapprocher de la perfection dont nous avons l'idée, 2· le
premier devoir est de s'acquitter de *tous nos devoirs*, 3· la prière, 4· le culte (intérieur ou public),
5· devoir de sincérité, 6· tolérance et liberté des
cultes.

<h3 style="text-align:center">183</h3>

La destinée humaine. — Nous devons tendre
à accroître physiquement, intellectuellement et
moralement la valeur de tous. Notre destinée
ici-bas est de faire le bien, de pratiquer la vertu
et par là de mériter le bonheur.

ÉCONOMIE POLITIQUE

83ᵐᵉ LEÇON

1

Définition. -- L'économie politique (administration de la maison sociale, de la cité) peut se définir la science de la *richesse*.

2

Historique. — Xénophon, Aristote, Vauban, Lebois-Guilbert, les Physiocrates, Quesnay, Adam Smith, J.-B. Say, Rossi, Bastiat, Baudrillart, Frédéric Passy, Say, etc.

3

Rapports avec les autres parties de la philosophie. — 1· Avec la morale : l'économie politique se fonde sur les idées de responsabilité individuelle et de solidarité sociale ; elle constate aussi l'harmonie de l'utile et du juste. — Le courage, la justice, la charité, la tempérance, la prudence, la réflexion sont des vertus supposées par l'économie politique.

2· L'idée du travail, de la part qu'y prennent nos diverses facultés est nécessaire pour traiter de la production.

4

Division. — Production, circulation ou distribution, consommation des richesses, quelques-uns séparent la circulation de la distribution, d'où quatre divisions.

5

Définition de la richesse. — 1· Tout ce qui, soit directement, soit par voie d'échange peut servir à la satisfaction des besoins de notre nature.

2· Sortes de richesses: matérielles, intellectuelles.

6

Production

L'acte de produire se réduit pour l'homme à rendre utile une chose qui ne l'était pas. La production suppose quatre choses : 1· matière, 2· travail, 3· capital, 4· épargne.

7

Matière. — Pour quelques-uns la matière unique de la production, c'est la terre ; mais il est d'autres objets dont on peut tirer profit (pluie, électricité, vent, facultés physiques et morales).

8

Travail. — Effort d'une de nos facultés appliquée à la production : 1· travail musculaire : extractif, agricole, industriel, manufacturier, locomoteur ; 2· travail intellectuel.

9

Travail intellectuel. — La nécessité de son intervention est évidente, d'où nécessité de l'instruction populaire.

10

Liberté du travail. — 1· Réclamée par la justice, l'utilité, 2· régime des corporations, 3· la libre concurrence.

11

Division du travail, utilité. — 1· Elle augmente l'habileté de chaque ouvrier en particulier, 2· elle diminue le temps perdu d'ordinaire à passer d'un travail à un autre : 3· elle favorise l'invention d'un grand nombre de machines (A. Smith) — cependant la spécialité du travail ne doit pas dépasser de justes limites.

12

Associations ouvrières. — Avantages et difficultés.

13

L'épargne. — Conservation calculée d'un ou de plusieurs objets utiles. L'épargne permet la constitution du capital.

14

Le capital. — 1· Ensemble des produits d'un travail antérieur, produits accumulés et destinés à rendre plus productif le travail nouveau ; 2º nécessité du capital : auxiliaire indispensable du travail : 3· capitaux fixes, immobilisés dans l'acquisition d'une terre, etc., capitaux circulants, gardés pour en disposer selon les circonstances.

15

De la propriété. — 1· La formation et l'accroissement du travail ne sont possibles que par le respect de la propriété ; 2· avantages de la propriété ; (voir morale).

16

84·ᵉ LEÇON

Circulation

C'est le mouvement général des richesses passant de main en main dans la société. La circulation suppose l'échange.

17

L'échange. — Ses conditions : 1· il faut que les choses soient transmissibles ; 2· facilité des communications, liberté, sécurité. Ce qui règle l'échange, c'est la valeur.

18

Valeur. — C'est, d'après Bastiat, le rapport de deux services échangés. 1· La valeur dépend-elle de l'utilité ? 2· du travail accompli ? 3· la valeur vraie doit tendre à se rapprocher de la justice et de la vérité absolues.

19

Offre et demande. — La valeur est en raison directe de la demande et en raison inverse de l'offre ; c'est-à-dire qu'un produit se vend d'autant plus cher qu'il est plus demandé.

20

La monnaie. — 1· Définition : matière servant d'équivalent à tous les produits et commune mesure de toute valeur ; 2· les propriétés de la monnaie sont-elles le résultat d'une pure convention ? 3· conditions : — Pour qu'une matière serve de monnaie, il faut : (A) qu'elle ait une valeur réelle, (B) que cette monnaie soit à l'abri de toute variation (autant que possible) de l'usure, (D) divisible, (D) transportable, (E) assez rare, (F) apte à recevoir une empreinte. 4· question de l'étalon unique.

21

Le papier-monnaie. — Signe représentatif sans valeur par lui-même, mais reposant sur l'honnêteté. Le papier monnaie suppose le crédit.

22

Le crédit. — 1· C'est l'acte de confiance par lequel les détenteurs de capitaux en font l'avance ou le prêt sous garantie de remboursement.
2· Utilité du crédit.

23

Liberté de commerce. — 1· Liberté de commerce à l'intérieur : généralement admise.
II· A l'extérieur : 1· système prohibitif, 2· protecteur, 3· libre échange.

24

Distribution

Définition. — Mode de répartition par lequel ceux qui ont contribué à la production s'en partagent les résultats.

25

Principe de la distribution de la richesse. — Elle doit se répartir dans la mesure où chacun a contribué à la produire.

26

Le salaire. — 1· Rémunération que reçoit le travailleur en retour de son travail.

2· Question de l'égalité des salaires.

3· Taux du salaire : quand deux ouvriers courent après un patron, c'est la baisse d'un salaire; quand deux patrons courent après un ouvrier, c'est la hausse.

4· Suppression des salaires, association des bénéfices.

5· Moyens de remédier au salariat : sociétés de secours mutuels, caisses d'épargne, assurances.

27

L'intérêt. — 1· Rénumération due à celui qui prête et court un risque ; 2· question du prêt à intérêt (sa moralité).

28

La rente. — 1· La part de la terre s'appelle la rente ; 2· rente foncière.

29

85ᵐᵉ LEÇON

Consommation

Sens du mot. — Synonyme d'emploi, de transformation.

30

Espèces de consommation. — 1· Improductive, qui ne fait pas naître de produits nouveaux.

2· Reproductive : qui ne fait disparaître un produit que pour en obtenir un autre d'une valeur plus grande.

31

Question du luxe. — Difficulté de la définition de ce mot : on ne sait trop où il commence et où il finit. On peut le définir : l'usage des choses trop coûteuses pour son état de fortune : 1· luxe permis ; 2· exagéré, ridicule, affaiblissant l'énergie et diminuant le caractère.

32

Dépenses de l'Etat. — 1· Dépenses improductives : 2· productives : canaux, chemins de fer, agriculture...

33

Budget. — 1· Compte-rendu officiel et public des recettes et des dépenses de l'Etat.

2· Qualités du budget : sincère, clair, divisible, admis par les représentants : non écrasant.

34

Les impôts. — 1· Part contributive de chaque citoyen dans les dépenses nécessaires de l'Etat.

2· Qualités de l'impôt : 1· proportionnel, 2· la cote-part de chacun et l'époque du paiement, fixées et connues de tous ; 3· doit être perçu aux époques et sous les formes les plus commodes aux contribuables ; 4· doit entraîner le moins de frais possible de perception : 5· ne doit porter que sur des objets d'une nature et d'une valeur nettement définies.

35

Sortes d'impôts. — I· Directs : 1· contribution foncière, 2· personnelle et mobilière, 3· des portes et fenêtres, 4· des patentes.

II· Indirects : papier timbré, timbre, droit d'enregistrement, droit de douane, de boissons, de tabac.

36

Budget des dépenses. — Il comprend les dépenses des divers ministères.

37

Question de l'impôt fixe et de l'impôt progressif. — Impôt fixe, égal pour tous ; 2· progressif, selon l'accroissement du revenu.

38

Les emprunts. — 1· Danger, 2· nécessité.

39

Dette consolidée et dette flottante. — 1·
Consolidée, inscrite sur le grand livre et dont le
remboursement est au seul gré de l'Etat.

2· Flottante... qui se compose de petites sommes remboursables à de brèves échéances.

QUATRIÈME PARTIE

MÉTAPHYSIQUE

86·· LEÇON

1

Définition. — 1· Science des premiers principes
et des premières causes (Aristote).

2

Division. — 1· Ontologie ou métaphysique générale traitant des principes d'une manière abstraite, de l'être en tant qu'être, de ses diverses
espèces, de son propriétés, de ses relations.

2· Métaphysique spéciale, traitant des êtres et
qui se subdivise en : (A) psychologie rationnelle
ou science de l'âme ; (B) cosmologie rationnelle ou
philosophie de la nature ; (C) théologie rationnelle
ou théodicée.

3

Ontologie (simples définitions)

L'être. — 1· Impossibilité de le définir, 2· op
position de l'être au phénomène, 3· en général ce
qui participe à l'existence ; 4· le devenir opposé à
l'être (voir philosophie allemande).

4

Le possible, le réel, l'impossible. — 1· Possible, ce qui n'implique pas contradiction : (A) possible absolu (B) relatif ; 2· impossible : ce qui est contradictoire : 3· réel, ce qui est actuellement donné.

5

Potentiel ou virtuel et actuel. — 1· Potentiel ou virtuel : ce qui existe déjà d'une manière incomplète ; 2 actuel : ce qui existe actuellement.

6

Contingent nécessaire. — 1· Contingent : ce qui peut être ou ne pas être, (futurs contingents.)

2· Nécessaire : ce dont le contraire est impossible : (A) nécessité logique (principe de contradiction), (B) réelle (principe de causalité).

3· Le déterminé — l'indéterminé.

7

Principes métaphysiques

1· Raison suffisante, 2· contradiction, 3· causalité, 4· finalité (voir psychologie, vérités rationnelles).

8

Notions métaphysiques

Substance, mode, accident. — 1· Mode ou phénomène, ce qui tombe sous l'observation interne ou externe. — Caractères : multiplicité, instabilité.

2· Nécessité d'un lien entre les phénomènes, d'où un substratum, substance.

3· L'essence comprend les propriétés constantes, permanentes de l'être.

4· L'accident c'est le phénomène qui peut ou non se produire.

9

Cause. — 1· Efficiente, 2· finale, 3· matérielle, 4· formelle, 5· exemplaire, 6· physique et morale, 7· causes prochaines, éloignées, 8· première et seconde, 9· occasionnelles.

10

Distinction de la cause et du principe. — 1· Principe : ce dont une chose dérive, les principes peuvent être réels, mais aussi abstraits et logiques.

2· La cause est toujours active. La graine est le principe de la plante, non la cause.

3· La cause (mieux principe) contient l'effet formellement, éminemment, virtuellement.

11

La cause et la science. — La science se contente de l'explication mécanique, positive ; mais il faut remonter aux idées de forces qui sont les principes des causes ; en effet, il s'agit de savoir comment une chose peut agir sur un autre. Produit-elle d'elle-même le changement qui s'y opère ou ne fait-elle que le provoquer, le principe de ce changement étant dans la chose qui l'éprouve ?

12

Catégories d'Aristote. — Substance, quantité, qualité, relation, action (immanente ou transitive), lieu, temps, situation, possession (?) (voir logique et psychologie).

13

Propriétés de l'être. — 1· Unité (mathématique ou métaphysique), 2· identité, 3· similitude, 4· différence : principe d'individuation, les indiscernables (Leibnitz).

14

Les contraires et le contradictoire. — 1· Tables des contraires des Pythagoriciens ; 2· la contrariété est la distinction poussée à l'extrême (blanc et noir) ; 3· si l'un des contraires marque la négation expresse de l'autre, il s'appelle contradictoire. — Le contradictoire est la condition nécessaire de la vérité (Hegel).

15

Fini et infini. — 1' Infini (voir psychologie) 2· avons-nous une idée positive (Fénelon, St-Mill, Spencer) ou négative (Locke, Gassendi, Hamilton) de l'infini (voir psychologie).

16

Le temps et l'espace. — Sont-ils des êtres réels? (voir psychologie).

17

Relatif et absolu. — 1· Absolu : l'infini a rapport à la grandeur, l'absolu à l'existence. L'absolu s'appelle encore l'inconditionnel.

2· Avons-nous une idée positive ou négative de l'absolu?

18

Imparfait et parfait. — 1· La qualité limitée c'est l'imperfection ; 2· la qualité élevée à l'absolu est la perfection.

19

Le vrai, le beau, le bien. — (Voir psychologie chapitre de la raison).

20

Idéal, progrès. — 1· Idéal, perfection conçue par la raison (voir beau, bien).

2· Progrès : suite de changements par lesquels l'homme approche de l'idéal.

21

Ordre. — Arrangement raisonné des êtres et des choses.

22

87ᵐᵉ LEÇON

Problème de la certitude

Problème. — Y a-t-il une vérité, ou du moins la vérité est-elle accessible à notre entendement. Oui, dit le dogmatisme — non, dit le scepticisme — oui et non dit le probabilisme.

23

Vérité (Définition). — 1° Subjectivement : conformité de la connaissance à son objet ; 2· objectivement : ce qui est.

24

Possibilité et nécessité. — 1· Les choses nous apparaissent comme possibles, probables ou nécessaires : 2· nécessité (A) métaphysique (B), physique (C), logique ; 3· possibilité (A), physique (B), logique.

25

Théories du hasard. — 1° Laplace : négation des possibles égaux, l'égale attente ; 2· Renouvier : les possibles égaux ; 3· Cournot : l'indépendance des causes.

26

Probabilité. — 1· Mathématique, 2· morale.

27·

Evidence

Nature de l'évidence. — 1· Elle n'est pas un intermédiaire entre le sujet et la vérité ; 2· elle est relative à l'intelligence qui la perçoit.

28

Criterium de l'évidence. — 1· Assentiment irrésistible, 2· clarté et distinction des idées.

29

Sortes d'évidence. — 1· Immédiate ou intuitive (principes rationnels) ; 2· médiate ou démonstrative, ayant recours au raisonnement ; 3· métaphysique, physique, morale ; 4· des sens, de la conscience, du raisonnement, de la raison.

30

Des choses non évidentes. — Causes, lois des phénomènes, existence de l'âme, sa nature ; nature des facultés.

31

L'évidence selon Descartes. — 1· On peut affirmer d'une chose tout ce qui est contenu dans son idée claire (l'idée d'existence dans l'idée de perfection).

2· Les choses dont les idées sont nettement distinctes sont distinctes elles-mêmes (distinction de l'âme et du corps d'après les idées de pensée et d'étendue).

3· L'évidence de la raison et de la conscience est seule irrécusable ; celle des sens est toujours suspecte.

32

Certitude

Degrés d'assentiment. — Certitude. — Doute ; opinion ; croyance aveugle ou réfléchie ; certitude, etc. — Adhésion ferme et inébranlable à la vérité de l'esprit en possession de lui-même.

33

Sortes de certitude. — 1· Métaphysique, physique, morale ; 2· médiate ou immédiate ; 3· de la conscience, des sens, du raisonnement, de la mémoire, du témoignage.

34

La certitude est-elle absolue. — En général elle n'est pas susceptible de degrès, mais la certitude de la conscience est supérieure à celle de l'induction.

35

Criterium. — (Jugement), règle qui permet de tinguer le vrai du faux.

Criterium de la certitude. — I· Principe de contradiction.

II· L'évidence.

III· Le sens commun.

IV· Le consentement universel (Lamennais).

Réfutation : 1· il y a des choses que nous ne

pouvons connaître que par autrui (faits historiques) ; 2· d'autres seulement par nous-mêmes (conscience) ; 3· dans ce cas la certitude est notre œuvre propre, elle se fonde sur un examen personnel ; 4· la condamnation portée sur la raison individuelle retombe sur la raison collective ; 5· la valeur du consentement général dépend non-seulement du nombre, mais de la compétence des intelligences ; 6· il y a contradiction à refuser à la raison individuelle en matière philosophique, l'autorité qu'on lui reconnaît en matière scientifique ; 7· enfin le criterium de Lamennais rendrait tout progrès philosophique et moral impossible.

V· L'expérience (positivisme).

VI· Véracité divine (Descartes), (voir histoire de la philosophie).

VII· Accord de la pensée avec elle-même (Leibnitz).

36

88ᵐᵉ LEÇON

Scepticisme

C'est la doctrine qui tenant la vérité pour inaccessible se renferme dans le doute ou la négation de toute connaissance.

37

Différentes espèces. — 1· Universel ou partiel, 2· spéculatif (principes), pratique ; 3· objectif ou subjectif, 4· transcendantal ou scepticisme ordinaire.

38

L'indifférence. — Sorte de scepticisme qui sans nier formellement la vérité s'en désintéresse.

39

Historique du scepticisme. — 1· Sophistes, Gorgias, Protagoras ; 2· Pyrrhon, Ænésidème, Sextus Empiricus ; 3· Montaigne, Charron, La-

motte-Le Vayer, Pascal, Huet, Bayle ; 4· Berkeley
Hume, Kant (idéalisme).

40

Formules du scepticisme. — 1· Il s'affirme
comme la négation formelle de la vérité, 2· il
s'enferme dans un doute absolu.

41

Possibilité d'une réfutation du scepticisme.
— S'il se renferme dans un doute absolu, il est
impossible de discuter avec lui ; s'il consent à
discuter, il peut être convaincu d'erreur.

42

Impossibilité du scepticisme. — Il est :
1· Contraire à la nature ; 2· il est la négation de
l'intelligence : supposer des êtres intelligents,
incapables de rien connaître est une conception
contradictoire ; 3· il est impossible dans la pratique.

43

Résumé des objections du scepticisme. —
1· La connaissance humaine est erronée et contradictoire (ignorance humaine, erreurs et contradictions de l'esprit et de ses facultés).

2· L'objet de la connaissance est inaccessible.

3· L'intelligence, instrument de la connaissance
doit être tenue pour suspecte.

44

Examen des objections du scepticisme. —
1· Contradiction des opinions humaines.

2· Erreurs et contradictions de nos facultés.

3· Impossibilité d'une démonstration de la vé·
racité de l'intelligence (*le diallèle*).

4· Relativité de la connaissance humaine : nous
ne connaissons pas les choses telles qu'elles sont
mais telles qu'elles nous apparaissent. — Théories
de l'inconnaissable (1).

(A) dans l'empirisme (lois, causes), (B) le cri-

---

(1) Derepas : les théories de l'inconnaissable.

ticisme (Kant : valeur *objective*, les noumènes), (C)
le panthéisme (la substance, Dieu).

5· Les contradictions de la raison : les antinomies de Kant (voir passim et histoire de la philosophie).

45

89ᵐᵉ LEÇON

Idéalisme

1· Doctrine philosophique qui considère l'idée
comme le principe de la connaissance : pythagoriciens, Eléates, Socrate, Platon, moyen-âge ;
2· elle peut être définie spécialement : tout système
qui réduit l'objet de la connaissauce au sujet de
la connaissance.

46

Idéalisme de Berkeley. — Les corps, la matière, le monde extérieur n'ont pas de réalité
objective, parce que les qualités de la matière ne
sont que des modifications de notre esprit —
Réfutation : réalité des êtres et des objets suggerée
par l'induction.

47

Idéalisme de Hume, St-Mill. — Nous n'avons
conscience que des phénomènes, et encore que des
phénomènes internes, quant aux idées obscures de
substance et de cause, ce sont la collection et la
succession des sensations. Donc le moi ou esprit
n'est qu'une abstraction. — Réfutation : l'âme est
saisie comme substance par la conscience.

48

Idéalisme trancendantal de Kant. — L'esprit a ses lois que nous considérons d'ordinaire
comme les lois du monde réel, mais qui sont en
réalité des lois de l'intelligence : la réalité objective résulte de l'application des lois de la pensée aux
phénomènes. Tout ce qui dépasse les phénomènes

et les lois de l'esprit est inaccessible : ce sont les noumènes (choses en soi) qui existent peut-être, mais dont nous ne pouvons rien savoir. Toute connaissance se compose donc de deux éléments : la matière donnée par l'expérience et la forme apportée par l'esprit — Objections de Jacobi : 1· qui prouve qu'il y a concordance entre l'objet et le sujet ? 2· les phénomènes sont la manifestation des noumènes, donc de l'objet, de la cause ; 3· scepticisme partiel.

49

Idéalisme subjectif de Fichte. — Les phénomènes dérivent de l'esprit, la matière comme la forme vient de l'esprit, c'est-à-dire du moi ; le MOI est tout, il se pose lui-même, et en se posant il pose le non-moi, lequel n'est autre chose que la limite du moi — Objections : 1· le non-moi existe indépendant ; 2· le moi absolu ressemble à la substance de Spinosa.

50

Idéalisme de Schelling, idéalisme objectif. — Le non-moi existe comme le moi, contrairement à l'idée de Fichte ; la nature est réelle. Le moi se compose de la nature et de l'esprit, mais il n'est ni l'un ni l'autre, il est purement l'ABSOLU, ou encore une de ses manifestations. — C'est le panthéisme plutôt que l'idéalisme.

51

Idéalisme de Hégel, scepticisme absolu. — Les choses viennent de l'absolu, comme dans le système de Schelling ; mais cet absolu, c'est la pensée ou l',IDÉE ; ce qui fait l'essence des choses, c'est l'élément rationel, c'est lui qui constitue la vraie réalité — l'idée extériorisée devient la nature — l'idée revenant sur elle-même et prenant conscience d'elle-même devient l'esprit (!!)

52

90ᵐᵉ LEÇON

Cosmologie rationnelle

Partie de la métaphysique traitant du monde en

général — ou de l'universalité des êtres — ou encore de la nature, d'où le nom de philosophie de la nature. La nature peut se définir elle-même : l'ensemble des êtres matériels.

53

Différents sens du mot matière. — 1· L'être indéterminé en général, par opposition à la forme. 2· C'est la substance en général dont tous les corps sont composés.

54

Origine de la matière. — 1· Chez les Hindous: À l'origine des choses ils posent une matière primitive renfermant en soi toutes les formes de l'existence.

2· Chez les Grecs : dans Thalès, Anaximène, Héraclite, la matière est à la fois la cause universelle et l'universelle substance, le germe de tous les êtres.

3· Le Nous d'Anaxagore débrouille la matière primitive.

4· Dans Platon : trois principes des choses: Dieu, matière, idées éternelles.

5· Dualisme d'Aristote : la matière et Dieu.

6· Dans le christianisme : la matière a été créée comme le reste du monde par un acte libre de la puissance divine.

55

Identité de la matière. — La matière est-elle la même dans toutes les parties de l'univers ?

56

Existence de la matière. — (V. idéalisme).

57

Connaissance de la matière. — Que savons-nous de la matière ? Pouvons-nous atteindre ses qualités réelles et absolues ? Distinction des qualités premières et des qualités secondes ??

I· Qualités premières : étendue, figure, divisibilité, mouvement (Descartes). Locke ajoute la solidité, le nombre. Les Écossais admettent cette distinction.

II· Système de Kant : rejet des qualités premières et des qualités secondes : l'étendue est une forme de la sensibilité. Nous ne connaissons pas la matière, mais seulement ses phénomènes.

58

Essence de la matière. — I· L'étendue et le mouvement (Descartes, Spinosa). — Le *mécanisme* physique, géométrique.

II· Système de Leibnitz : nous connaissons l'essence de la matière, mais il faut ajouter la force au mouvement. — *Dynamisme*.

III· Kant : les noumènes sont inaccessibles.

IV· L'hylozoïsme (matière — vie), admis à des titres différents par Sraton de Lampsaque, les Stoïciens, les Néo-platoniciens, Spinosa, Cardan.

V· Idéalisme : La matière n'est qu'un composé d'idées, un phénomène de la pensée.

VI· Système de Büchner : inexplicable union de la force et de la matière.

VII· Système le plus admis : les noumènes sont inaccessibles comme le veut Kant, mais les phénomènes ne sont pas purement subjectifs : ils impliquent l'étendue objective.

59

Limites du monde. — Première antinomie de Kant.

60

Unité de la matière. — Tout l'univers est-il plein de matière ou y a-t-il entre les corps des des intervalles inoccupés appelés vides ?

61

Divisibilité de la matière. — 1· Divisibilité à l'infini (Descartes) ; 2· système des monades de Leibnitz: substances simples, indivisibles ; 3· l'antinomie de Kant.

62

91ᵐᵉ LEÇON

Diverses conceptions sur la vie

La vie. — Définition : 1· collection de phénomènes se succédant pendant un temps limité dans un corps organisé ; 2· Bichat : ensemble des fonctions qui s'opposent à la mort.

63

Conditions de la vie. — Forme souple, union des liquides et des solides, circulation des liquides respiration, système nerveux, organes distincts.

64

Principes immédiats des organes.—Oxygène, hydrogène, carbone, azote ; combinaisons trois à trois ou quatre à quatre.

65

Origine de la vie. — Les corps vivants naissent d'un individu vivant, par bouture, germe ou génération.

66

Développement de la vie.— Ce développement est interne, c'est-à-dire va du dedans au dehors.

67

Mort. — Dissolution du corps, il rend tout à la terre ou à l'air.

68

Les forces vitales. — Forces plastiques, force conservatrice, de résistance vitale, incitabilité, irritabilité, excitabilité, sensibilité et contractilité (Haller) ? !

69

Principe vital. — Historique : 1· Hippocrate, Galien ; sorte de principe divin; 2· Aristote : l'âme est la première entéléchie (fin — avoir). L'âme se subdivise en âme végétative, sensitive, locomotrice, intellectuelle; 3· au moyen-âge, système d'Aristote admis excepté peut-être par St-Thomas ; 4· St-Thomas : l'âme est unie au corps, et les opérations corporelles comme les sensations, le mouvement, la nutrition relèvent d'elle au même titre que la pensée (composé humain) ; 5· Paracelse, Van Helmont ; les archées (principe) : corps astral, logé dans l'estomac selon Paracelse, et qui nous défend contre les agents de destruction; — Van Helmont admet autant d'archées que d'organes ; 6· système des iatro-mécaniciens, des iatro-chimistes ; 7· animisme ; 8· vitalisme ; 9· organicisme.

70

Animisme.—(Aristote, St-Thomas, Stahl, école spiritualiste: Lélut, Ravaisson, Bouillier). Le principe de la vie est l'âme : 1· animisme des Ioniens ; 2· animisme de Platon ; 3· animisme panthéiste des Stoïciens ; 4· animisme d'Aristote ; 5· animisme de Paracelse, de Robert Fludd, Van Helmont ; 6· animisme proprement dit de Stahl.

I· L'âme unique pense et est le principe de la vie ; elle est intelligente et raisonnable (identité de l'âme pensante et du principe vital).

II· L'âme entretient la vie dans l'individu par la nutrition et les autres fonctions.

III· Elle construit tout entier le corps à la vie duquel elle préside.

IV· Elle est le médecin naturel du corps : elle le répare quand il est malade ; elle est aussi le principal auteur de ses maladies par ses erreurs.

V· Elle est la cause de tout ce qui se passe dans le corps.

VI· Le mouvement, étant une chose incorporelle, ne peut avoir qu'un principe incorporel comme lui, l'âme.

VII· Puisque l'âme est la cause reconnue des mouvements volontaires et instinctifs de locomotion, elle peut, elle doit être la cause des mouvements de nutrition.

VIII· Influence des passions (de l'âme) qui précipitent le sang.

IX La régularité des fonctions organiques ne peut être attribuée qu'à une cause intelligente.

X· Invraisemblance des systèmes des archées.

71

Animisme nouveau. — Aux arguments précédents il ajoute : 1· il y a dans l'âme des phénomènes qui, bien que réels, ne laissent pas de traces dans la conscience : la direction vitale est de cette espèce.

2· Distinction de l'âme, principe de la vie et du moi qui est l'âme aussi, mais en tant qu'elle se connaît seulement.

3· L'âme a une conscience positive de la vie corporelle et des fonctions vitales.

72

Vitalisme. — Existence d'un principe spécial, distinct de l'âme et du corps (Barthez, l'école de Montpellier, Bérard, Lordat, M. de Biran, Jouffroy). — Pour Barthez, ce principe se rapproche un peu plus de l'âme que du corps.

73

Organicisme. — Bordeu, Bichat, Broussais, Ecole de Paris, le matérialisme contemporain — Le principe de la vie se rapporte aux organes eux-mêmes, et finalement à la matière susceptible de s'organiser elle-même dans des conditions données.

74

Le transformisme. — Doctrine de certains naturalistes modernes selon laquelle les espèces vivantes, au lieu d'être fixes et faites une fois pour toutes se transforment sans cesse et sont toujours dans un perpétuel devenir (Darwinisme). — Le transformisme, ou doctrine de l'évolution, comprend: 1· la sélection naturelle, 2· la concurrence vitale.

75

92ᵐᵉ LEÇON

Matérialisme

L'esprit. — C'est l'être en tant qu'il a pour essence la pensée et qu'il est distinct du corps. — Quelquefois les mots moi, âme, esprit sont synonymes.

76

Définition du matérialisme. — Doctrine qui voit dans le corps, seul réel à titre de substance, le principe de la vie morale.

77

Origine du matérialisme. — 1· Il a son origine psychologique dans le sensualisme ; 2· son critérium est que les sens seuls sont juges du vrai et du faux ; 3· son fondement métaphysique est que la matière seule existe et peut exister.

78

Formes du matérialisme. — 1· Ancien, mécanique et atomistique d Epicure ; 2· moderne, dynamique ou physiologique.

79

Matérialisme d'Epicure. — Explication universelle des choses à l'aide du vide, des atômes, du mouvement et du hasard.

80

Matérialisme moderne. — Sa supériorité sur le matérialisme ancien : 1‘ Il s'applique spécialement à l'homme, bien qu'il prétende aussi être une explication universelle des choses ; 2· il s'appuie sur des faits, non sur des entités ; 3· il s'approprie tous les résultats de la science.

81

Argumentation du matérialisme. — I· La pensée est une propriété de la matière.

II· Influence du physique sur le moral (A) développement parallèle du corps et de l'âme, (B) objection de l'âme résultante : l'âme est l'harmonie du tout; (C)influence du sexe, tempérament,milieu, climat, etc.

III· Rapports du cerveau et de la pensée : (A) cerveau et pensée ne font qu'un, (O) objection anatomique : il faut un certain volume, un certain poids, une forme déterminée, une certaine dépense de phosphore, une certaine quantité de sang pour la pensée, (C) expérience de la réintégration et de l'ablation des lobes du cerveau : si une faculté disparaît, telle faculté disparaît.

IV· La pensée et le mouvement ; (A) la pensée est un mouvement du cerveau (Moleschott), (B) transformation du mouvement en pensée.

82

Faiblesse du matérialisme. — I· Sa faiblesse logique (hypothèse de la matière pensante) ; 2· scientifique (érige l'effet en cause), 3· spéculative (au sujet de la matière).

83

Ses conséquences. — Quoiqu'il les récuse : I· il conduit directement à l'athéisme, 2· il incline au fatalisme.

84

Historique du matérialisme. — I· Antiquité : école épicurienne ; 2· chez les modernes : Hobbes, Diderot, Helvétius, d'Holbach, La Mettrie, Broussais, Büchner, Cabanis.

85

Fortune du matérialisme, ses causes. — Ce sont l'appui qu'il offre au scepticisme moral et religieux; son aversion pour le merveilleux et le surnaturel, sa disposition à ne reconnaître que les faits d'expérience, le besoin d'explication scientifique — l'attrait d'une explication universelle des choses — la faveur qui s'attache à certaines théories récentes, la corrélation des forces, le transformisme.

86

93·· LEÇON

Spiritualisme

Importance morale de la question. — Elle ressort des conséquences du matérialisme en morale, psychologie, etc.

87

Historique du spiritualisme. — Socrate, Platon, Aristote, Plotin, Cicéron, Sénèque, Descartes, Bossuet, Pascal, Malebranche, Leibnitz, etc.

88

Définition du spiritualisme. — Ce mot nous semble mal choisi : spiritualisme ne veut pas dire système qui n'admet que l'*esprit* ; c'est au contraire un *intermédiaire* entre le matérialisme et l'idéalisme, admettant dans l'homme deux natures Le spiritualisme s'impose des limites : il rejette les anciennes questions comme celle-ci : d'où vient l'âme ; il admet simplement la distinction de l'âme et du corps et leur co-existence.

89

Première preuve en faveur du spiritualisme — Par le sens commun : l'enfant, l'ignorant distinguent fort bien leur individualité physique et leur personnalité morale (Garnier).

90

Deuxième preuve. — Preuve métaphysique ou examen comparatif des attributs du moi et de ceux de la matière : des attributs contradictoires ne sauraient co-exister dans une seule substance.

I· Preuve par l'unité nécessitée par les opérations de l'esprit. 1· Objection de Kant : le sujet doit être logiquement un, est-il véritablement une substance simple ? 2· autre objection : l'âme est une résultante.

II· Preuve par l'identité du moi : 1″ objection : l'identité repose sur la mémoire, elle n'est que la série des faits reliés par le souvenir ; 2· objection : une partie du cerveau reste identique.

III· Preuve par la simplicité du moi.

IV· Preuve par la liberté.

91

Autres preuves. — 1· Preuve par le triomphe du moral sur le physique.

2· Preuve morale ; la vie future n'est possible

que si la personne humaine est substantiellement distincte du corps.

3· **Preuve psychologique :** par la constatation en l'homme d'une double vie, par l'excellence de ses facultés qui ne peuvent être le fruit de la matière.

92

Spiritualité et immatérialité. — Ces deux mots étaient autrefois distingués ; maintenaut ils sont assez souvent synonymes.

93

Conclusion sur le spiritualisme et le matérialisme. — De ces deux hypothèses, le spiritualisme nous semble mieux expliquer la nature humaine ; s'il n'éclaircit pas tous les mystères, il n'en rend par la solution impossible en niant des données.

94

Union de l'âme et du corps

Unité de l'âme et du corps. — Il ne faut pas croire que le corps ne soit qu'un simple instrument de l'âme et que dans l'homme il y ait deux parties absolument distinctes. L'âme et le corps sont intimement unis.

95

Le comment de l'union. — 1· Médiateur plastique (Cudworth), substance intermédiaire entre l'âme et le corps et les mettant en rapport.

2· Influx physique (Euler) : action immédiate et réciproque de l'âme et du corps l'un sur l'autre — simple constatation.

3· Esprits animaux (Descartes).

4· Causes occasionnelles (Malebranche) : le corps et l'âme n'agissent pas l'un sur l'autre ; Dieu est la cause directe et efficiente des modifications de l'âme consécutives à celles du corps et réciproquement. Ces modifications ne sont donc que l'occasion et non les causes les unes des autres.

5· Harmonie préétablie (Leibnitz) : Dieu en créant chaque homme choisit pour le constituer une âme et un corps dont les modifications successives, déterminées d'avance se correspondent toujours.

6· Animisme, vitalisme, organicisme (voir supra).

96

Le pourquoi de l'uniou. — L'homme étant appelé à vivre dans la nature a besoin d'un corps pour en prendre connaissance, et le corps est ainsi l'instrument de l'âme.

I

94ᵐᵉ LEÇON

THÉODICÉE

1· Justice de Dieu ; 2· étude des questions religieuses par les seules lumières de la raison, autrement dit théologie *rationnelle* ou naturelle.

2

Division de la théodicée. — 1· Existence de Dieu ; 2· ses attributs ; 3· ses rapports avec le monde — La Providence.

3

Possibilité d'une démonstration de l'existence de Dieu. — I· En quel sens cette possibilité est contestable : 1· on ne peut appliquer à une démonstration de l'existence de Dieu un raisonnement abstrait ; 2· il est douteux qu'une démonstration tout abstraite prouve l'existence d'un être réel ; 3· on ne peut partir de quelque chose qui soit antérieur à Dieu ; 4· comment conclure des effets finis à la cause infinie ?

II· En quel sens elle est possible : en ce qu'on peut se convaincre de l'existence de Dieu comme condition nécessaire de toute réalité. Si Dieu n'existe pas, tout est inexplicable.

4

Classification des preuves de l'existence de Dieu. — 1· A priori, rationnelles ou *métaphysiques*, basées sur les données de la raison ; 2· a posteriori, empiriques ou *expérimentales*, fondées sur l'expérience (A) preuves morales (conscience, sentiment); (B) preuves physiques (sens) — Ces preuves sont appelées improprement *expérimentales*, car au fond leur majeure ou leur mineure est un principe rationnel (principe de causalité, etc.), par exemple : tout mouvement suppose un moteur, tout effet une cause. Or... etc.

5

Nécessité de ne pas séparer les preuves. — La démonstration de l'existence de Dieu ne dépend pas de la solidité des preuves prises séparément, mais de toutes.

6

Preuves morales. — 1· *Consentement universel* : cette croyance doit répondre à un besoin indestructible de l'âme, et une erreur sur un point aussi capital est absolument improbable ; 2· *ordre moral* : la vie future est réclamée à titre de sanction de la loi morale ; elle implique un Dieu juge et rénumérateur. C'est la seule preuve que Kant ait maintenue ; 3· raisons de sentiment: l'homme aspire au vrai, au beau et au bien ; poursuivi de désirs infinis, il tend à s'élancer vers l'absolu.

7

Preuves physiques. — 1· *Contingence de la matière* (Clarke). L'idée de la matière n'est pas celle d'une chose dont la non-existence implique contradiction : donc elle n'est pas nécessaire et n'existe pas par elle-même.— Objection de Kant ; 2· nécessité d'un premier *moteur* (Aristote, Saint-Thomas). La matière étant inerte, indifférente d'elle-même au repos et au mouvement, doit avoir reçu le mouvement. — Objection ; 3· *ordre du monde* et causes finales (preuve téléologique). Il y a de l'ordre dans le monde, et dans la nature tout semble conspirer à un même but, or le hasard ne peut expliquer cet ordre ; il est donc l'œuvre d'un être infiniment sage et bon. Objections : (A) contre les causes finales ; (B) objection de Kant : la preuve donne un ordonnateur, non un créateur du monde ; 4· preuve de la *raison suffisante* (Leibnitz) : le monde qui existe étant contingent, et une infinité d'autres mondes étant également possibles, la raison suffisante veut que la cause du monde ait eu égard à tous ces mondes possibles avant d'en déterminer un ; 5· preuve tirée de l'*intelligence humaine* (Montesquieu). Il y a absurdité à ce qu'une fatalité aveugle ait produit des êtres intelligents.

8

Preuves métaphysiques. — 1· *L'être nécessaire* (Fénelon) : un être nécessaire, c'est-à-dire tel que sa non-existence soit impossible, a nécessairement en lui-même la raison de son existence et celle des autres êtres. — Objection de Kant. 2· Impossibilité d'une série infinie de causes secondes (Saint-Thomas, Clarke). — Il faut une *cause première*. 3· *Imperfection de l'homme* (Descartes). Je suis imparfait, donc je ne tiens pas mon existence de moi-même, ni de mes ancêtres imparfaits comme moi, mais seulement de l'être parfait. 4· *Eternité et immensité de Dieu* (Clarke). L'éternité et l'immensité de Dieu sont des propriétés : elles sont infinies ; donc elles impliquent l'existence d'un être infini dont elles ne peuvent être que les attributs. — Objection. 5· *Preuve ontologique* (Saint-Anselme, Descartes). L'idée de l'être parfait implique son existence, car l'existence est un élément de perfection. Donc l'idée que nous avons d'un être souverainement parfait et qui n'existerait pas est contradictoire. Donc cet être existe. — Objection (A) de Leibnitz — (B) de Kant et de la plupart des philosophes. 6· Preuve psychologique (Descartes, Fénelon). Les idées d'infini et de perfection impliquent la réalité de leur objet. J'ai l'idée d'un être infini et parfait ; or cette idée ne peut venir que de Dieu, donc il existe. 7· La raison humaine reflet de la raison divine, autrement appelée preuve par l'existence des *vérités éternelles* (Platon, Bossuet, Fénelon, Malebranche): les idées et vérités éternelles objet de notre raison, supposent une intelligence parfaite et éternelle dans lesquelles elles subsistent éternellement, présentes et entendues — Objection.

9

Classification des preuves par Kant. — 1· Argument cosmologique ou de la contingence de la matière ; 2· argument physico-théologique ou des causes finales ; 3· argument ontologique (Saint-Anselme) : 4· preuves morales : pour Kant toutes les preuves sont insuffisantes d'où il conclut à l'impossibilité d'une démonstration de l'existence de Dieu.

10

Appréciation de ces preuves. — Jugements divers.

1

95ᵐᵉ LEÇON

PANTHÉISME

Définition. — Système qui conçoit l'univers et Dieu comme consubtantiels l'un à l'autre — deux choses dans tous les systêmes panthéistiques : un Dieu impersonnel, substance et principe de l'univers — l'unité développée sous forme d'émanation dans l'universalité des phénomènes.

2

Historique.— 1· Panthéisme oriental des Vedas 2· Eléatique, 3· Stoïcien, 4· d'Alexandrie, 5· Spinosisme, 6· hégélianisme. Il est difficile de donner une définition qui convienne à tous les systèmes.

3

Exposition générale du panthéisme. — Toutes ces doctrines ont ceci de commun qu'elles ne séparent pas Dieu du monde et que sans nier ni l'un ni l'autre elles les rapprochent jusqu'à les confondre au sein d'une même substance, dans une commune existence. Le monde n'est qu'une émanation, un rayonnement éternel de la substance divine elle-même, qu'il produit par une sorte d'expansion ou d'épanouissement en vertu d'une nécessité intrinsèque. En un mot tout vient de Dieu, est en Dieu, est Dieu même.

4

Formes principales. — 1· *Naturalisme*: doctrine de la nature divisée : le principe divin étroitement uni à la matière, éternelle comme lui, mais qui ne provient pas de lui, l'anime, le pénètre l'enveloppe : aussi Dieu est force plutôt que substance, la vraie substance est la matière première.

2· *Panthéisme proprement dit* : rien ne peut exister en dehors de l'être infini et éternel qui est Dieu. Le monde doit être en Dieu, il est Dieu totalement ou partiellement. Le monde émane donc de Dieu, car Dieu est la cause immanente des choses. Il est à la fois substance et force. Les êtres finis n'existent qu'en lui, ne sont que les manifestations de la substance infinie — Deux formes: (A) réaliste (Spinoza): le monde est réel comme Dieu, la substance unique est Dieu en tant que pensée, elle est le monde en tant qu'étendue ; (B) idéaliste : le monde n'a qu'une réalité apparente. L'infini seul est : le fini c'est le non-être, l'illusion.

5

Réfutation. — I· Dans ses principes : 1· l'unité de substance : cette unité est illusoire, Dieu et le monde sont substantiellement distincts ; 2· fausse définition de la substance ; 3· distinction radicale de Dieu et du monde : Dieu est infini, immuable, etc., le monde est fini, changeant ; 4· le panthéisme n'explique pas comment l'*infini* peut résulter de l'addition des objets *finis* ; 5· la *conscience* proteste contre le panthéisme, nous nous sentons des êtres et non des parties d'êtres ; 6· il est contraire à la liberté.

II· Dans ses conséquences : 1 négation de la moralité ; venant de Dieu, les passions de l'homme sont des inspirations de la divinité ; 2· danger pour l'activité humaine : l'homme doué d'une volonté sans efficacité n'a qu'à se laisser vivre et s'en remettre de son sort à la nature.

6

Conclusion sur la nature de Dieu. — I· *Personnalité divine* : Dieu n'est pas un pur idéal, ce n'est pas la synthèse des lois du monde : il est la suprème réalité. Il possède éminemment toutes les qualités de l'être et avant tout celles qui constituent la personne morale, c'est-à dire la conscience et la liberté. — Objections contre la liberté et la conscience divines.

II· *Création* : 1" Système, la création « ex nihilo » ; 2" la création et le dualisme: la matière co-existait à Dieu ; 3· système dans le panthéisme: le monde est une émanation de Dieu.

7

Panthéisme et matérialisme. — Ils diffèrent évidemment puisque le matérialisme n'admet que la matière et que le panthéisme admet la matière et Dieu. Il est facile de voir cependant que le panthéisme incline au matérialisme.

8

Panthéisme et athéisme. — Les panthéistes repoussent l'accusation d'athéisme. On a pu dire avec raison de Spinoza qu'il est ivre de Dieu. Cependant les panthéistes inclinent vers l'athéisme, ou plutôt sont athées sans le savoir. — Mettre le mal en Dieu, c'est le nier.

1

96ᵐᵉ LEÇON

PROVIDENCE

Définition.—La Providence (providere, prévoïr ou mieux pourvoir) est le nom donné à Dieu en tant qu'il conserve et gouverne le monde.

2

Preuves de la Providence. — I· A priori : attributs moraux de Dieu : la toute puissance de Dieu est incompatible avec la suppression de l'action divine sur le monde. — De même pour sa liberté, sa justice.

II· A posteriori : 1· consentement général ; 2· sanction de la loi morale : un Dieu juge et rémumérateur doit exercer une action providentielle ; 3· preuve cosmologique ou ordre du monde : l'ordre que nous trouvons dans le monde aussi bien que l'histoire de l'humanité prouvent qu'il y a une Providence.

3

Divergences au sujet de la Providence. — 1· La Providence s'exerce-t-elle par des voies générales, d'après des lois établies, ou par des voies spéciales, exceptionnelles ? 2· Comment la concilier avec la liberté de l'homme ? 3· Ne trahit-elle pas l'imperfection de l'œuvre de Dieu ?

4

Objections contre la Providence. — Le mal métaphysique, physique, moral.

5

Mal métaphysique. — Le monde est imparfait. Si Deus est, unde malum ? Si non est, unde bonum ? Réponse : la justification de l'imperfection du monde est facile : le monde devait être naturellement imparfait. L'imperfection, comme le dit la maxime scolastique, « habet causam non efficientem, sed deficientem », le mal ne provient pas d'une cause efficiente : c'est un *défaut*, un manque d'être. Le mal ne vient pas de Dieu qui donne à la créature ce qui est bon ; les défauts de ses opérations viennent de la limitation originale. — A l'imperfection on ajoute quelquefois l'inégalité des créatures.

6

Mal physique — 1· Désordres de la nature, cataclysmes. — Les désordres cachent un ordre réel qui peut ne pas apparaître. 2· La souffrance : justification difficile ; il est vrai toutefois qu'elle provient souvent de nos fautes ; ensuite elle est inévitable étant donnée notre sensibilité qui est aussi bien source de plaisir que de douleur. Elle est le stimulant de notre activité ; — La soufrance est une épreuve.

7

Mal moral. — 1· Abus de la liberté, le pêché: Dieu en nous donnant la liberté nous a fait un don funeste ; il le savait, sa sagesse et sa bonté auraient dû nous l'épargner. — La liberté est une condition de moralité, d'indépendance, de bonheur mérité. 2· Désordres de la société : ils sont l'œuvre de l'homme.

8

Solidarité morale. — Loi de solidarité dans le monde moral. — Cette solidarité est cruelle à bien des égards puisqu'elle fait dépendre le sort de chacun du sort de tous, transmet à tous les membres de la sociétés les erreurs et les vices d'autrui. — Mais elle est inévitable ; elle s'étend d'ailleurs au bien comme au mal.

9

Conclusion sur la Providence.—Les épreuves de ce monde appellent un dédommagement.

1

PESSIMISME

Objection du mal physique. — Moral, métaphysique.

2

Arguments nouveaux. — 1· Vouloir, c'est souffrir (Schopenhaüer), or l'homme est condamné à vouloir ; sa douleur est en proportion de son activité ; 2· la douleur est le fait primitif, et le plaisir n'est que la cessation de la douleur (théorie des plaisirs négatifs, Schopenhaüer) ; 3· Hartmann a fait le bilan des maux et des biens ; la somme des maux l'emporte.

1

OPTIMISME

Leibnitz. — Aucun être intelligent, a fortiori Dieu qui est supremement intelligent ne peut agir sans raison suffisante. Or il agirait sans raison suffisante celui qui de deux choses égales en prendrait une ou qui de deux choses inégales choisirait la moins parfaite. D'où Leibnitz conclut dans l'hypothèse de la création, que Dieu a choisi le monde le plus parfait. Mais il faut distinguer l'ordre du *tout*, de l'ordre de parties.

2

Malebranche. — Dieu ne peut agir si ce n'est d'une façon divine ; si ce n'est pour manifester ses perfections et se concilier une gloire infinie. D'où il conclut dans l'hypothèse de la crétion qu'il y a une *incarnation* de quelque personne divine ; autrement Dieu ne retirerait pas du monde une gloire digne de lui. Toutes les créatures finies ne procureraient à Dieu qu'une gloire finie. D'où : 1· le monde est le meilleur de tous les possibles, car si on pouvait en imaginer un meilleur, Dieu n'aurait pas consulté sa gloire infinie ; 2· mais la perfection d'un ouvrage doit se juger sur la simplicité et la fécondité des moyens par lesquels l'artisan obtient sa fin. D'où Dieu régit le monde d'après des lois générales, et s'il y a des effets mauvais, ils ne sont pas imputables à la volonté du créateur, mais aux lois instituées par lui.

1

97ᵐᵉ LEÇON
DESTINÉE HUMAINE

Tout ici-bas a été fait pour une fin, et cette fin est en rapport avec la nature de chaque être ; celle de l'homme comprend trois questions : la destinée de l'individu, de la personne humaine, de l'humanité.

2

Destinée de l'humanité. — Développer les éléments du progrès, faire régner la paix, la liberté, la justice, l'amour.

3

Destinée de l'individu. — Comme membre de la société chaque homme doit concourir dans la mesure de ses forces à cette œuvre d'amélioration et de progrès.

4

Destinée de la personne humaine. — Le souverain bien d'un être tel que l'homme ne peut être le plaisir, les honneurs, la gloire, etc. Sa destinée ici-bas est de faire le bien, de pratiquer la vertu et par là mériter le bonheur. Cette destinée, la vie actuelle ne la contient pas tout entière.

5

Immortalité de l'âme. — L'âme est immortelle en ce sens d'abord qu'elle survit au corps; en ce sens ensuite qu'elle ne doit pas cesser d'exister.

Preuves : 1· *Par la spiritualité de l'âme* : l'âme étant simple ne peut périr par dissolution, décomposition des parties comme le corps, elle *peut* donc lui survivre. Ensuite elle le *doit*, car pourquoi périrait-elle, alors que c'est une loi universelle que les choses se transforment sans que rien soit anéanti.

6

2· *Par la nécessité d'une sanction morale :* Est-il vrai que dans le monde actuel les biens et les maux soient distribués selon la règle et l'exacte proportion que veut la justice absolue. Quelques philosophes l'ont soutenu, mais la majorité se prononce pour la négative. Il doit donc y avoir une autre vie où tout sera réparé.

3· *Aspiration à l'immortalité :* On fait valoir encore cet instinct profond qui nous attache à la vie, nous inspire l'horreur du néant. Cet instinct vient de la nature, il ne peut nous tromper.

Infinité des désirs humains : L'homme a soif du bonheur, de la vérité ; cette soif doit se satisfaire un jour.

5· *Par le consentement général :* Amour de la gloire, adieux sur la tombe, honneurs rendus aux morts, prières, cérémonies funèbres.

Par la justice et la bonté de Dieu : Elles sont les plus sures garanties de l'immortalité. Dieu juste se doit à lui-même de récompenser et de punir dans une autre vie. *Il le peut, il le doit.*

7

Utilité sociale de cette croyance. — Elle est éminemment bienfaisante, une source de résignation dans la souffrance, de bonne volonté et d'énergie pour le bien.

8

La vie future. — C'est la question qui tourmente le plus l'humanité Que nous en dit la raison ? Si peu de chose, que nous laissons aux religions le soin de répondre.

CONCLUSION DU COURS

Rôle intellectuel, moral, social de la philosophie -- Importance de la philosophie (voir premier chapitre). — Il nous est plus facile maintenant d'embrasser d'un coup d'œil son importance aussi bien au point de vue intellectuel que moral et social. — D'autre part les progrès de la philosophie nous apparaissent incontestables. Pour conclure nous indiquerons les principaux points d'un sujet aussi vaste que celui de l'importance de la philosophie :

1· Utilité théorique, 2· pratique, 3· pour les autres sciences, 4· pour l'intelligence : force, justesse, etc ; 5· elle élève l'esprit en l'habituant aux plus nobles spéculations ; 6· nature des questions qu'elle traite; 7· au point do vue social : l'histoire nous donne les preuves de son utilité : Les mouvements philosophiques ont précédé et amené tous les progrès. Enfin la philosophie a jeté dans le monde les idées de liberté, de droit, d'égalité,etc.

Histoire de la philosophie. — (Voir notre Précis, même format).

TABLE DES MATIÈRES

ADDENDA

E X E M P L E :

Logique

172 (*bis*)

**Principes de la démonstration, théorie d'A-
ristote.** — 1· Les propositions immédiates sont
connues sans démonstration ; 2· la démonstration
est le syllogisme fondé sur des propositions nécces-
cessaires ; 3· principes *propres*, (définitions,) principes *communs* (axiômes) ; 4· chaque chose doit
être démontrée par ses principes propres. — 5·
Lois : (A) la démonstration universelle est supérieure à la démonstration particulière — (B) La
démonstration affirmative vaut mieux que la
négative — (C) La démonstration affirmative et
même la négative valent mieux que la démonstration par l'absurde.